KB170332

발자국을 포개다

배제된 자들의 민주주의를 향하여

발자국을 포개다

배제된 자들의 민주주의를 향하여

김소연, 이선옥, 박노자, 홍세화 외 지음

꾸리에

차례

상처들이 말하다

_적막의 시간, 인간의 시간

1.

어떤 이는 '투쟁하는 노동자대통령' 김소연 선투본이 삼성 본사 앞에서 첫 유세를 시작한 것을 두고 '한 방 먹었다'고 이야기하지만, 유리로 온통 둘러싸인 빌딩 안의 한국 제1의 자본권력의 반응은 아마도 '그래서, 어쩔 건데?'였을 것이다. 마천루 꼭대기에서 도심의 빌딩 숲 사이를 지나가는 해고노동자, 비정규노동자의 모습이 그들의 눈에 어떻게 비칠지 짐작하는 것은 그리 어려운 일이 아니기 때문이다. 삼성 자본은 그 자체로 거대한 상징자본, 문화자본이어서 '삼성에 다니는' 사람만이 아니라 이 자본의 역겨운 범죄에 의해 수시로 피해를 입는 사람들조차도 '삼성을 욕망하게 하는' 힘을 발휘한다. 삼성에 적을 둔 소위 '삼성맨'들은 자신을 결코 노동자라 생각하지 않을지 모른다. 그들에게 노동자는 치명적인 유해물질로 가득 찬 반도체공장에 갇혀 일하다 백혈병으로 죽기도 하는 '못 배운' 여성 노동자이거나, 땀내나는 작업복을 입은 건설 노동자 정도일 테니까.

노동하는 인간에 대한 최소한의 예의도 없는 이 냉혹한 자본에 대해, "그러면 왜 한국의 노동조직들은 총파업은 아니더라도 불매운동을 하지 않느냐"고, 언젠가 한국을 방문한 프랑스 연대 단일 민주노조SUD 활동가가 내게 물은 적이 있다. 삼성의 이건희 일가가 2퍼센트도 안 되는 지분을 가지고 그룹 전체를 지배할 수 있는 터무니없는 재벌 체제가 민주주의적 통제 밖에 있을 수 있는 것도, 삼성만이 아니라 이 나라 자본의 얼굴들이 언제나 당당할 수 있는 것도, 그 근저에는 노동의 굴종이, 그로 인해 방치되어 온 노동의 수직적 분업구조가 있다는 것은 이제 소수만 아는 비밀도 아니다. 한국 자본주의의 천민성에도 불구하고, 자본은 끊임없이 진화해 왔다. 자본은 법의 테두리 안에서 얼마든지 파업노동자들에게 손배소청구를 할 수 있고, 원청−하청 거래방식을 통해 냄새나는 노동자들과 마주치지 않아도 된다. '쓰고 버리는' 노동이 넘쳐나는 현실에서 자본은 심지어 노동자에게서 '노동자성'까지도 압수해둘 수 있다. 그래서 재능교육 교사들은 '특수고용노동자'도 노동자의 기본권을 주장할 권리가 있음을 입증하기 위해 5년이란 시간 동안 싸웠고, 지금 이 시간도 거리에서 싸우고 있는 것이리라. 누군가는 노동자이면서도 노동자임을 부정하고 싶어 하고, 또 누군가는 노동자라는 말도 황송하고 간절히 소망해야 하는 이 지옥의 층계 아래에서.

2.

　김소연 후보를 만났다. 한겨레신문 시절 나는 그를 기륭전자 투쟁 현장에서 처음 만났다. 불법파견 비정규직 노동자들의 정규직화를 요구하며 긴 단식을 이어가던 그를, 이제는 노동자대통령 후보로 만난 것이다. 김정우, 유명자, 김소연……, 다가오는 대선을 앞두고 나는 자본의 일방적 논리에 의해 삶의 경계 밖으로 밀려난 이들 속에서 힘겨운 싸움을 이끌어온 이들의 이름을 떠올렸지만, 어쩌면 (서울대 출신이 아닌) 첫 번째 노동자대통령 후보 김소연에 대한 노동 안의 대접은 그렇지 않은 모양이다.

　지지를 호소하러 간 김소연 후보에게 민노총 관계자가 "진보 후보가 네 명이나 되어서……."라고 답변했다는 말을 전해 들었을 때 드는 느낌은 분노 이전의 슬픔이었다. 그러나 슬픔에 갇혀서는 상황을 응시할 수 없다. 그 말에는 애매한 상황 회피만이 아닌, 다른 시선이 담겨 있는 것은 아닌지. 사실은 그 말 뒤에 '너희는 아직 아니야'는 말이 생략되어 있었던 것은 아닌지. 노동 안의 약자인 배제된 노동은 이렇게 '그래서, 어쩔 건데?'라는 자본의 벽과, '너희는 아직 아니야'라는 노동 안의 이중의 벽에 갇혀 있다는 것을, 이제는 똑바로 바라보지 않으면 우리는 한걸음도 나아가지 못할 것이다.

　비정규직은 정규직 노조에 가입할 수도 없는 현실에서, '배제된 자'들은 조직노동의 하위주체들로 연대의 대상일 뿐이지 연대의 주체여서는 곤란할 것이다. 그들은 정치적으로 훈련된 자들에 의해 정책으로 대변될 뿐, 스스로 정치의 주체여서는 더더욱 피곤할 것이다. 그들은, 좀 더 가혹하게 말하면, 이른바 '노동정치'와 '진보정치'의 존재 이유를 설명해 주는 소재이고 풍경일 뿐이지 정치공간에 직접 들어서서는 안 되는 존재들인 것이다. 그것은 '별일 없이 사는' 일상에 혼란을 가져오는 일이므로. 그런데 그림 속에 있어야 하는 존재들이 그 같은 분업의 질서를 거부하고 거추장스런 배제의 장막을 찢고 걸어 나온다면 어찌 당혹스럽지 않겠는가? 조금 전까지 노동정치의 실종이 진보의 파멸을 가져왔다고 말하며 독자적인 노동자민중후보를 주장하던 이들에게, 배제된 노동은 실은 노동정치 밖의 대상에 불과했던 것이니.

3.

적막하다. 마치 폭풍 전야처럼, 고요하고 적막하다. 이 적막이 나는 두렵다. 좀처럼 글이 쓰이지 않고, 몸도 움직여지지 않는다. 이것이 '말과 글'로 세상의 변화에 그나마 참여하고 있다고 믿어온 나의 한계이고 실체인가? 자본주의의 위기가 머지않아 파국으로 다가올 것이 예견되는 상황에서, 이 위기마저 자본의 이데올로기가 되는 현실이 고통스럽다. 다른 어느 때보다, 자본권력의 자장 안에서 움직이는 정치를, 선거를, 자본은 느긋한 시선으로 지켜볼 것이다.

이 적막의 시간이 지나면 무엇이 찾아올 것인가? 우리는 어제도, 오늘도, 누군가 이 적막의 시간 속에서 철탑으로 오르고 있다는 소식을 듣는다. 말(언어)이 아니라, 마지막 남은 육신으로 삶과 죽음의 경계를 가리켜야 하는 자들의 고통은 언제 멈출 것인가? "우리 몸에서 가장 중요한 곳이 어디냐고 묻는다면, 저는 상처라고 답합니다." 나는 김소연의 이 말 한마디에서 위로와 용기를 얻는다. 그의 말처럼 상처가 나면 온몸의 신경이 집중되고, 치유되어야 몸이 제대로 움직일 수 있다. '상처'야말로 소중하다는 깨달음, 그렇다, 따지고 보면 지금까지도 우리는 가장 낮은 곳에서, 가장 아픈 곳에서 싸워온 이들에게서 위로와 용기를 얻지 않았던가?

자본의 시대가 남기는 가장 치명적 상처인, 배제된 노동들이 스스로 말을 하는 주제가 되고 정치의 주체가 되겠다고 나섰다. 이 적막의 시간에 인간의 상처들이 말하기 시작한 것이다. 누군가에 의해 대변되어야만 하고, 대리정치의 대상이 되어온 이들이…… 지금 내가 할 수 있는 일은, 이 새로운 정치의 주체들이 훨씬 당당했으면 하고 바라는 일이다. 배제됨으로써 시대의 아픔을, 이 세계가 안고 있는 한계를 알게 된 당신들이 '인간의 시간'을 새롭게 규정할 보편적 정신의 체현자들이므로. 허공에 매달린 희망들이 이제는 땅으로 내려와 정치공간의 장벽을 뚫고 이 허위의 민주주의를 갱신해 주기를 소망한다. 이것이 이 적막의 시간에 거는 나의 한 가지 희망이다.

_홍세화

사랑의 혁명에 대해 말해드리죠

_김선우

그날 그 담장을 넘기 직전
사실 나는 두려웠습니다.
담장 너머 저편 세상을 알 수 없었으므로
넘어야 하는가, 넘을 수 있을 것인가, 저 높은 담을
넘은 다음에는 무엇이 있을 것인가

애초에 우리가 원했던 것처럼
당신들이 문을 열어주었다면
우리는 문을 통해 들어갔겠죠. 문으로 걸어 들어가
우리가 그리워한 사람을 만나 손을 흔들고
반드시 살아서 내려오라, 말해주고
우리는 돌아갔을 거예요.

그런데 왜인가요
어려운 일을 당하는 힘없는 사람을 지켜줘야 할 경찰이
죽음 끝으로 내몰린 이웃의 고통에 연대하러 온 우리를
사방에서 옥죄어 꼼짝 못하게 하더군요.
힘없는 노동자를 지키기는커녕
수많은 노동자를 죽으라고 내모는 단 한 명 자본가를 위해
새까맣게 동원되어 군홧발을 저벅거리더군요.
시민들을 향해 몽둥이를 치켜들더군요.
눈앞의 공권력이 두려운 것은 현실이었지만,
두려움보다 뜨거운 사랑의 힘으로 우리의 심장은 뛰었습니다.

사진ⓒ 박성훈

그리고 마침내 그 일이 일어났습니다.
사랑이 아니라면 도저히 일어날 수 없는 일,
나팔꽃 넝쿨이 담을 타고 번지며 부우부우 나팔을 불듯이
순식간에 담장을 뒤덮으며 올망졸망 꽃들이 피어났습니다.

그것은 사랑이 만든 기적!
자기의 이익과 아무 상관이 없는 일을 위해
자기의 시간과 돈과 몸과 마음을 쓰며
생명의 빛으로 함께 걸어가려는
우리가 실천할 수 있는 가장 아름다운 마음의 무늬들이
거기서 피어났습니다.

담장 바깥에서 두려워하던 나는
담장 안에서 새로워졌습니다.
담장을 넘는 1분 사이에 나는 다시 태어났습니다.
이것은 온전한 사랑의 혁명,
사랑의 힘으로 담장 안의 내 몸은
조금 전까지의 몸과는 다른 몸이 되었습니다.

이 새로운 몸을 당신들은 '죄를 지은 몸'이라고 하는군요.
이웃의 고통에 연대하는 '사람다움'을 결코 누려보지 못한
가엾은 당신들,
죽음에 내몰린 사람을 살려 함께 보듬고자 한 마음이
죄가 되는 이 시대는 어떤 시대입니까.

우리는 그렇게 처음 만났고, 2차, 3차, 4차, 5차……

우리가 그토록 살려내고 싶었던 그 사람은 살아 내려와

더 많은 생명의 기쁨과 노동의 기쁨을 만들기 위해 불철주야

돌아다닙니다.

그 사람을 바라보며 희망을 얻었던 많은 사람들이

그 기쁨의 힘에 전염되어 깔깔깔 웃으며 노래하고 춤춥니다.

고난이 깊어도 절망이 끝없어도

포기하지 않고 살아갈 힘을 서로에게서 얻으면서……

이 희망 없는 침울한 대한민국 서민의 삶에 빛과 웃음을 뿌려

준 희망버스,

그것은 사랑의 혁명.

희망버스의 탑승자들, 그들은 벌금이 아니라 상을 받아야

하는 사람들.

사랑의 기쁨에 대해 말해 드리죠.

다시 1년 전 그날로 돌아간다 해도

나는 담장을 넘을 겁니다.

검사는 물었죠

=조선소 안에서 무엇을 했습니까.

ㅡ기도를 했습니다.

=무슨 기도를 했습니까.

ㅡ뻔뻔하고 포악한 자본이 죽으라고 내팽개친 사람들을 구하

겠다고,

목숨을 걸고 공중감옥으로 걸어간 한 여자가

온전히 따뜻한 목숨으로 우리의 품으로 돌아오길 기도했습니다.

검사는 한숨을 내쉬고 다시 물었죠.

=또 무엇을 했습니까.

―노래를 불렀습니다.

―그녀가 35미터 공중에서 전해오는 편지를 들으며 울었습니다.

―울고 있는 서로의 얼굴에서 눈물을 닦아주며,

우리 함께해서 참 좋다고 얼싸안았습니다.

―함께 끝까지 기억하고 노래하자고 약속했습니다.

=그게 다입니까?

―종이비행기를 접었습니다.

―크레인에 오색 바람개비를 매달아주었습니다.

―해고노동자의 아내와 아이들이 정성 들여 준비한 새 양말을

받고 또 한바탕 울었습니다.

힘들어도 포기하지 말자고, 함께 살자고, 더불어 함께 살아야

좋은 세상 아니겠냐고.

―절망의 나날을 보내고 있는 앞길 막막한 해고노동자들과

더운 국물을 나누어 먹었습니다.

―아, 또 있군요. 크레인을 올려다보며 "사랑합니다!" 외쳤습

니다. 목이 터져라 외쳤습니다.

이번엔 내가 검사에게 물었습니다.

―자본가에게는 자본가의 윤리가 있어야 합니다.

기업은 노동자의 노동으로 유지됩니다.

노동자에 대한 사회적 책임과 윤리의식은 자본가의 의무입니다.

이 모든 책무를 까맣게 망각하고 오직 자신들의 금고만 배불

리기 위해 생목숨들을 죽으라고 내모는 이런 자본, 이런 악랄

한 자본의 죄에 대해서 왜 당신들은 묻지 않습니까.

검사가 말했습니다.
─한진 자본의 비윤리성과 악덕함에 대해서는 알고 있습니다.
하지만 그들은 법을 어기지 않았습니다.
그런데 당신은 법을 어겼습니다.
남의 재산인 담장을 넘었고
도로교통법을 어겼고
집회와 시위에 관한 법률을 어겼습니다.

나는 검사가 불쌍했습니다.
자신의 말이 가진 민망한 어폐를 그도 알고 있을 것이므로.
약자를, 민중을, 시민을 보호해야 하는 것이 법임을,
권력과 힘의 무도함으로부터 부당하고 불의하게 내쳐지는 약자를
보호해야 하는 것이 법정신임을
법을 공부한 사람이라면 당연히 알고 있을 것이므로

그런데도 검사는 똑같은 말만 되풀이합니다.
사람을 위해 생겨났건만 사람을 이해할 의지도 용기도 없는
피도 눈물도 심장도 없는 메마른 죽은 법, 기계보다 못한
법이 슬펐습니다.
악법은 고쳐져야 하는 법이지요.
메마른 죽은 법도 현명한 법관을 만나면 더러 생명을 얻기도
합니다.
우리는 생명의 소중함과 사랑의 기쁨을 아는 현명한 법관을
기다렸으나……

당신들은 우리를 유죄라 합니다.

깔깔깔 웃으면서 우리는 이 선고를 당신들에게 돌려드립니다.

당신들은 유죄입니다.

법의 이름으로 지켜야 할 사회적 약자들을 지키지 못한 죄!

수많은 사람들을 절망과 죽음으로 몰아가는 난폭한 자본의

광기를 방조한 죄!

자본의 광기가 저지르는 끔찍한 폭력을 적극 방어하고 정당

화한 죄!

방조함으로써 자본의 폭력을 고무하고 조장한 죄!

진실로 무법한 자들이 누구인지

정말로 모르신다면,

그것은 당신들이 '인간에 대한 예의'에 무지한 때문.

'법의 존재 이유'에 무지한 때문.

'사랑의 기쁨'에 대해 무지한 때문.

당신들의 무지가 가엾습니다만,

스스로 변화하려는 용기가 당신들을 변화시키길 기도하겠습니다.

안타까운 죽은 법이여 기억하시길,

온몸으로 아팠던 사람들이 온몸으로 써온 생명과 사랑의 역사,

그것이 바로 이 땅 민주주의의 역사!

역사와 양심과 정의는

'죽은 법' 때문에 값싸게 후퇴하지 않습니다.

발자국을 포개다

1

우리, 외로워하지 말자

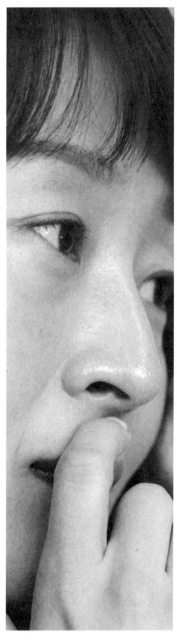

이선옥

기록노동자. 주로 비정규직과
여성 노동자들의 이야기를 기
록한다. 18회 전태일문학상 기
록부문에 당선되었고, 수상집
『그대 혼자가 아니랍니다』가
있다. 용산참사와 철거민들의
이야기 『여기 사람이 있다』를
여럿이 함께 썼고, 콜트콜텍 노
동자들에 관한 르포를 준비 중
이다.

발자국을 포개다

아무도
오지 않았던 분향소

" …… 어제 쌍용자동차의 노동자가 또 죽었습니다. 스물두 번째 죽음입니다. 경찰과 구청에서는 노동자들이 소박하게 차린 분향소를 막무가내로 부쉈습니다. 분향소마저 제대로 마련하지 못하는 천대받은 죽음. 삶을 대접받지 못하는 사람들은 죽음 또한 대접받지 못합니다. 죽음에도 계급이 있습니다. 하루아침에 해고되어 버려진 노동자들의 삶을 외면해온 세상이, 그 하찮은 목숨쯤 스물둘이나 죽어나간들 무슨 관심이 있을까요. 거창하게 세상까지 들먹이지 않아도, 너무 많이 죽어나가서인지 이제 '우리'라고 일컫는 사람들마저 무관심합니다.

스물두 번째 죽음은 하필 선거를 만나 더 철저하게 외면받고 있습니다. 선거운동에 바쁜 정치인 누구도 분향소에 발걸음을 하지 않았습니다. 장기 투쟁하는 노동자들, 해고되어 5년씩, 6년씩 거리를 떠도는 노동자들만이 그 죽음을 지켰습니다. 천막이나 플래카드조차 없어 누구의 죽음인지도 모른 채 무심하게 곁을 지나는 시민들 사이로, 외로운 섬처럼 앉아있는 우리들이 너무나 안쓰러워서 눈물이

왈칵 났습니다."

올해 4월 쌍용자동차의 스물두 번째 희생자가 나온 다음 날, 진보신당의 당원 자격으로 썼던 글이다. 대한문의 분향소는 희생자들의 얼굴이 아닌 익명의 얼굴들 22명의 영정으로 채워졌다. 이 죽음들이 특정 개인의 자연적 죽음이 아닌 사회적인 타살임을 알리려는 노동자들의 안간힘이었다. 공권력은 이 시도를 집요하게 막아섰다. 대한문 앞은 날마다 아수라장이 되었고, 죽은 이들의 영정과 전태일 열사의 사진은 경찰의 발에 밟히고 찢기고 내동댕이쳐졌다. 해고자들은 멱살잡이를 당했고, 연대하러 온 이들은 분향소를 지키려 몸싸움을 벌이다 수도 없이 다쳤다.

그리고 4월 11일 밤, 대한문 쌍용자동차 분향소에는 스물두 번째 희생자가 나온 뒤 한 번도 그곳에 오지 않았던 정치인들의 방문이 이어졌다. 이정희 당시 통합진보당 대표, 이혜선 최고위원, 이영희 비례대표 후보가 왔고, 민주노총의 김영훈 위원장도 함께 왔다. 4월 초 죽음이 알려지고 나서 투표일인 11일까지도 그들은 그곳에 발걸음을 하지 않았다. 보수 정당의 정치인들이야 지역구도 아니고 표밭도 아닌 그곳에 걸음 할 일이 없었을 것이고, 이른바 진보 정치인들마저 오지 않았던 것 역시 선거 운동에 집중하느라 그랬을 것이다. 심상정도, 노회찬도, 다른 그 누구도 왜 자신이 오지 못하는지 말을 전해온 적 없으므로, 그저 그랬을 것이라고, 짐작할 뿐이다.

뒤늦게 찾아온 정치인들의 조문 행렬을 보며 마음이 착잡했다. 분향소에 조의를 표하기 전 먼저 그곳에 앉아있던 사람들에게 다가와 악수를 청하던 손들을 나는 뿌리쳤다. '이제 와 얼굴 내밀어도 반갑게 맞아주고 머리 조아리는 노동자들이 참 우습지요?'라고, 묻고 싶었다. 모두가 환영해주는 장면을 만들고 싶지 않은 치기 어린 마음 때문이었을까.

조문을 마치고 민주노총의 김영훈 위원장이 "이제 와서 미안하다"는 말로 연설을 시작할 때 대열 어딘가에서 "유시민, 한명숙과 만세 부르고 다닌 김영훈 위원장은 부끄러운 줄 알라"는 야유가 터졌다. 뜻밖의 상황에 당황한 그는 말을 멈추고 잠시 동안 자신을 비난한 사람을 노려보았다. 선거운동 기간 쌍차와 재능처럼 노동자들의 투쟁 현장에 열심히 연대하던 진보신당의 젊은 당원이었다. 노동자 조직의 대표에게 보수정당과의 '야합'—민주노총과 통합진보당은 선거연대라 표현하고, 진보신당과 좌파운동 조직들은 야합이라 부른—에 대해 공개적으로 항의하는 진보정당의 젊은 당원, 그리고 그를 노려보는 민주노총의 대표. 노동자들을 위해 정치를 한다는 사람들, 노동자정치세력화를 위해 정당운동을 추진해 온 민주노총의 대표가 야유를 받는 이 상황. 나는 이 장면에서 진보정치와 노동자정치세력화의 한 시대를 마감하는 어떤 표상을 느꼈다.

4·11 총선 내내 '야권연대'와 '정권심판' 구호가 압도했고, 스스로를 진보정당이라 칭하는 통합진보당은 이 슬로건에 충실했다. 노동의제는 선거의 이슈가 되지 못한 채 '후보 단일화' 논란에 갇혀버렸다. 모든 문제제기는 '단일화'라는 깔때기에 다 흡수되었다. 노동자들은 선거라는 국면에서 존재감 없이 배제되었고, 노동자 투쟁의 상징이 되는 재능 농성장이나 쌍차 분향소 같은 곳조차 진보정치 안에서 외면당하면서, 다시 한 번 이중의 배제를 겪었다.

노동자정치를 대표하는 민주노총 위원장이라는 권위는, 권위에 주눅 들지 않는 이름 없는 젊은 당원에게 계급의식 없는 정치라 비난받으며 무너졌다. 그러나 이 돌발 상황은 현장의 노동자들이 이내 김영훈 위원장의 이야기를 경청하고 박수로 마감하면서 정리되었다. 비록 자업자득이라 해도 한 시대의 노동운동을 대표해온 민주노총의 권위가 조롱당하는 현실은 아팠다. 한편으로는 동시에 자신들에 대한 배제에 대해 문제의식이 없는(것처럼 보이는) 민주노총 조합원들의 마음이 궁금했다.

왜 이들은 투쟁 현장에 한 번도 찾아오지 않은 진보정치인들과 자기 조직의 대표에게 책임을 묻거나 비판하지 않는 것일까? 젊은 당원들이 이토록 분노하는 보수정치와의 야합에 대해, 과연 현장 노동자들은 분노를 느끼기는 하는 것일까?

　　　　　　　　　　　발자국을 포개다

결국 그날의 상황도 좋은 게 좋은 거라는 식으로 봉합된
또 하나의 사례로 끝나는 걸 보면서, 노동자들의 내부 비
판과 견제가 무너진 노동자정치운동의 현실을 절감했다.
이래저래, 노동자들은 그 어느 곳에서도 존재감 없이 무력
했다. 노동자를 표로만 보고 필요할 때만 들른다는 표현조
차 무색하게, 이젠 굳이 표를 달라고 하지 않아도 '우리 아
니면 너희가 어디를 찍겠느냐'는 식의 볼모정치만 남은 지
경까지 이르렀다. 대중운동조직을 통해 성장했어야 할 진
보정치와 노동자정치는 대중은 없고 일부 정치인만 남은
극단의 구조가 되었다. 이 허약한 기반으로 인해 결국 상
층부는 끝없이 보수정당으로 투항하거나, 보수야당과의
연합이 전혀 낯설지 않을 만큼 보수화되었다. 노동자 없는
노동자정치운동, 이 상황이 비단 지도부의 문제뿐 아니라
그런 지도부를 허용해온 노동자들 자신에게도 있음을 확
인한 자리였다고나 할까. 젊은 당원의 도전적인 제기의 새
로움보다, 조직 노동자들의 방관과 무기력에 대한 실망이
더 컸던 총선 날 대한문 풍경이었다.

초라한
농성장들의 물음에 답함

되짚어보니 성인이 된 후 스스로의 판단과 결정으로 참여한 어떤 조직에서도 주류나 다수였던 적이 없다. 일부러 그런 건 아닌데 돌아보면 늘 그랬다. 특히 내 생애 첫 정당이었고 마지막 정당일 줄 알았던 민주노동당의 당원 시절 겪었던 일은 지금까지도 안 좋은 기억으로 남아있다. 우리 당의 후보가 아닌 보수야당 후보의 당선에 환호하는 당 간부들, 우리 후보가 아닌 다른 후보의 당선을 위해 갑자기 사퇴를 하거나 선거운동을 접는 후보들. 우리의 정당이 만들어졌기에 다신 안 볼 거라 생각했던 광경들이 버젓이 반복되는 걸 확인하면서 당원으로서 부끄러웠다.

내 생애에 '노동'이란 단어가 붙는 정당의 당원이 되었다는 기쁨은 그야말로 잠시뿐이었다. 이에 대해 문제제기를 하는 사람들은 점점 소수가 되어갔다. 그리고 결국, 다수였던 그들은 오늘 선거비리 사범으로 구속되거나, 우리가 그토록 비판했고 우리를 많이 조롱했던 참여정부의 정치인인 유시민을 비롯한 그 세력들과 당을 만드는 지경에 이르렀다.

발자국을 포개다

그리고 이번 대선에서 '투쟁하는 노동자 후보'는 무소속에 민주노총의 조직적 지원 하나 없이 허허벌판에 서 있다. 국민승리21, 민주노동당, 분당사태, 진보신당과 통합진보당으로 이어진 진보정당 운동의 궤적, 노동자정치의 실패와 초라하기 이를 데 없는 우리의 모습이다. 아프다. 많이 아프다.

그동안 우리는 무얼 위해 달려온 것일까?

지난 5월과 6월, 서울시가 운영하는 서울지하철과 서울도시철도공사의 해고노동자들 28명이 복직했다. '개혁 시장'으로 불리는 박원순 시장이 한 일이다. 민주노총과 노동운동 조직들은 당연히 이 조치를 환영했고, 박원순 시장의 지지 세력들은 일제히 박 시장을 칭송했다. SNS 상에는 "시장님, 고맙습니다!" "시장 하나 잘 뽑아 놓으니!" 하는 찬사들이 넘쳤다. 그러나 이들이 왜 해고되었는지, 언제 해고되었는지, 13년 동안 해고자로 어떻게 살아왔는지 궁금해하는 언론은 없었다.

이들은 십여 년 전 공공부문 민영화 반대를 주장했던 노조원들이다. 공공부문 노동자들답게 사회공공성을 지키기 위한 파업을 벌이다 결국 해고되었다. 개혁정부이자 민주정부라고 불리던 국민의 정부와 참여정부 시절에 일어난 일이다. 나는 이들의 복직에 대해 박 시장보다 해고 노동자들에게 먼저 찬사를 보내야 한다고 생각했다. 13년 동안

이들이 해고자라는 신분을 포기하지 않고 버텨주었기 때문이다. 이들이 포기했다면 우리는 이 세상에 지하철에서 공동의 이해와 가치를 위해 싸우다 해고된 노동자가 있다는 사실조차 몰랐을 것이다.

그리고 다음으로, 그들의 삶을 그 세월 동안 책임져 주었던 노동조합과 그들의 동료들에게 고마워해야 한다. 사회안전망이 거의 전무한 사회에서 더구나 노동조합 활동으로 해고된 노동자의 삶을 지탱해줄 제도는 어디에도 없다. 그들의 동료와 노동조합이 어떤 수준으로든 그들의 생계를 유지시켜 주었기에 오늘, 이들이 다시 복직할 수 있었다. 얼마나 고마운 일인가.

이 문제는 박 시장이 소속되어 있는 민주당의 전임 정권에서 일어난 일이다. 그러므로 새누리당 소속의 전임 시장과 견주어 박 시장의 개혁성을 칭찬하기보다, 왜 노동자들이 개혁정권 아래서도 해고되었고, 다시는 이런 해고자들이 나오지 않으려면 어떻게 해야 하는지 성찰이 필요한 지점이다. 그러나 불행히도 우리는 그런 성찰을 하지 못했다.

바로 여기서, 노동자정치는 시작한다. 박 시장이 당선되었을 때 서울광장은 깨어있는 시민들의 환호성으로 가득했지만, 건널목 하나만 건너면 당도하는 재능교육과 쌍차의 농성장까지 그 환호성은 이르지 못했다. 기쁨에 겨워 노래하고 춤추던 사람들은 이내 광장을 빠져나갔다. 1987

　　　　　　　　　　　　　　발자국을 포개다

년, 2008년, 2011년, 이 광장에 모인 100만 명, 10만 명, 수만 명의 사람들이 외쳤던 민주주의는 과연 무엇이었느냐고, 정권 교체에 환호하고, 촛불 혁명에 감동하고, 개혁 시장 탄생에 기뻐하던 우리가 잊고 있는 건 과연 무엇이냐고, 그 초라한 농성장들이 우리에게 묻고 있다.

유예할 수 없는
'정의로운 지금'

우리는 그래서 다시 의미 있는 소수의 길을 걷는다. 이번엔 그 어느 때보다도 초라하다. 역사상 가장 참담한 진보정치의 실패, 노동자정치의 실패의 한복판, 거기에 지금 우리가 서 있다. 어쩌면 총선 때 얻은 1퍼센트의 존재감마저 없을지 모르는 현실에서, 우리 안의 실망과 무기력이 우리의 가장 큰 적이 되었다. 대한문에 분향소를 만들려고 싸우다 입원했던 노동자대통령 후보 김소연보다, 형식적으로 들렀다가 다시 앵무새처럼 고통분담을 얘기하는 야당 후보 문재인이 더 환영받는 우리들의 적나라한 모습과도 싸워야 한다. 부끄럽고 아프지만 그게 현실이다.

보수야당과 개혁세력에게 주었던 면죄부의 역사와도 대면해야 한다. 가장 아프고, 동시에 어처구니없는 면죄부는 투쟁하는 노동자들이 이들에게 고마워한다는 것이다. 투쟁 당사자들이 고마워하고 절실하다는 이유로, 보수야당의 노동자 탄압 역사는 제대로 비판받지 못했다. 원칙에 대한 제기는 발목 잡는 좌파, 무능하고 입만 진보인 좌파라는 식으로 매도당해왔다.

노동자들은 지금 당장 어떤 식으로든 문제를 해결해 줄 수 있는 정치권력이 필요하다는 이유로 보수야당을 허용한다. 그들이 노동자 친화적인 정당이 아니며 집권 시기에는 지금의 보수여당만큼 노동자들을 고통스럽게 했다는 사실을 알면서도 '현실 정치의 불가피함'을 이유로 든다.

정말 현실 때문이라면 오히려 힘 있는 새누리당의 도움을 요청하는 게 빠를 것이다. 하지만 우리는 박근혜는 비판하고 비난하지만, 민주당에 의존하는 건 비판하되 비난하지 않는다. 박근혜의 전태일 동상 헌화는 막아섰지만, 문재인의 헌화는 막지 않는 해고자들의 모습에서 볼 수 있듯, 우리는 마지막까지 넘지 말아야 할 어떤 금기 안에 민주당을 둔다. 새누리당과 민주당의 차이가, 민주당과 진보정당의 차이보다 더 적다는 사실을 우리는 종종 잊는다. 이들이 노동자들을 앞세워 받는 면죄부는 우리 운동의 질곡이며, 고스란히 노동자정치의 질곡이다. 거기에 더해 "저들이 무얼 해줄 수 있느냐, 결국 보수 정치인들에게 기댈 건 하나도 없다. 현장 투쟁만이 대안이다"와 같이 제도권 선거 참여 자체를 우려하는 주장도 어쨌든 투쟁하는 노동자 후보를 내고 선거운동에 돌입한 우리가 넘어서야 할 관문이다. 이 질곡을 넘어서야 하는 게 지금까지도, 앞으로도 우리의 과제다.

보수정치는 상식을 지키거나 혹은 복원하면 된다. 여기

서 상식이란 때론 '정서'를 달리 표현한 말이기도 하다. 상식과 정서의 정치는 쉽다. 그러나 이미 이 사회의 상식과 정서가 노동자를 위한 것이 아니기 때문에, 노동자정치는 어렵다.

"노조는 이기적인 이익집단이며 대기업노조는 기득권 세력이다"는 주장이 보편의 상식으로 자리 잡은 사회, 보수정치는 이를 상식으로 수긍만 하면 손해 볼 게 없지만, 노동자정치는 먼저 이미 상식으로 자리 잡은 이 정서를 바꿔내야 한다. 더 많은 설득과 더 많은 시간이 필요한 운동, 그리고 지금까지 사람들이 상식으로 여기던 것들을 해체하고 새로운 상식을 적용해야 하는 운동. 출발점이 달라도 너무나 다르다. 지금 우리는 그걸 하자고 다시 신발 끈을 조이고 있는 것이다.

어떤 꿈을 꾸어 본 사람이든 사는 동안 그 꿈을 이루는 건 굉장히 드문 일이다. 그런 면에서 혁명을 이뤄 본, 세상을 바꾸고 새 세상을 건설해 본, 체 게바라, 모택동, 레닌 같은 혁명가들이 부럽다. 먼 활자 속의 얘기거나 문건 속의 이상향으로만 꿈꾸던 세상을 현실에서 이뤘을 때, 그 감동을 무엇에 비길 수 있을까.

인류의 역사로 볼 때는 아주 소수인 그들 외에 우리와 같은 대다수 인민들은 언제나 패배의 역사를 대면할 가능성이 훨씬 높다. 하지만 패배는, 언젠가 도래할 성공의 발

아로 남을 때 아름답고 의미 있다. 그때의 패배는 완결된 실패가 아니라 열린 과정이며, 언제나 진행형인 역사의 어느 한 순간에 내가 존재했음을 자각하는 일이기 때문이다. 불행히도 그것이 노동자대통령이 당선 돼서 수많은 아픔의 현장들이 환호하는 바로 그 순간이 아니라, 온갖 야유와 조롱 속에서 고립과 이중의 배제를 견디며 싸워야 하는 이 시대일지라도, 어쩌겠는가. 그것이 나의, 혹은 우리의 운명인 것을……. 그러나 비록 적은 숫자이지만 기꺼이 그 운명을 함께 짊어지자고 나선 벗들이 나와 함께 지금 이 시대를 지나고 있음이, 우리에겐 혁명만큼 가슴 벅찬 일일 것이다. 기대고 앉은 서로를 든든하게 받쳐주는 단단하고 믿음직한 등처럼, 지금 우리가 처한 외로움을 견디는 힘은 바로 나와 우리의 정의로운 지금이다. 이들과 함께 역사의 한 페이지에 '정의로운 지금'으로 남는 것, 우리가 꿈꾸던 세상의 밀알이 된 것, 이 또한 행복한 일이지 않겠는가.

그러니 부디, 너무 외로워하지는 말자. 지금 우리가 이만큼 외로운 덕에, 훗날 언젠가의 순간에 많은 이들이 더 이상 외롭지 않게 될 것이므로. 그러므로 우리는, 우리가 이루지 못할 노동자대통령의 꿈을 향해 또 한 발 나아갈 뿐이다.

발자국을 포개다

2

'다른 정치'는 가능한가

홍세화

현실 정치에 몸담은 경험이 없는 채로 진보신당의 대표가 된
지 1년 만에 '지식인 홍세화'로 돌아왔다. 명망 있는 정치인
한 명 없고 권력 정치의 자장으로부터 멀리 떨어진 주변적 위
치에서 그가 생각할 수 있는 것은 '배제된 자들'의 서사를 정
치 공간으로 떠오르게 하자는 것, 하나였다.

홍세화가 묻고

김소연이 답하다

김소연

기륭전자분회 분회장으로 있으면서 94일간의 단식투쟁과 굴
착기 고공농성을 벌이며 1,895일 만에 정규직화로의 합의를
이끌어냈다. 비정규직과 정리해고를 없애는 토대를 만드는
게 그의 목적이다.

발자국을 포개다

왜
'싸우는 노동자대통령 후보'인가

2007년이었죠? 한겨레신문 '세상 속으로' 코너에 기륭전자 투쟁에 대한 글을 쓰느라 김소연 씨와 처음 만난 것이. 그리고 오늘은 노동자대통령 후보로 나선 김소연 씨와 마주하게 되었네요. 요즘 어떻게 지내세요? 노동자대통령 후보로서의 일상이 궁금한데.

후보가 되고서 우선 백기완 선생님을 찾아뵈었어요, 그리고 첫 공식 일정으로 현대자동차 철탑 농성장에서 1박 2일을 보냈고요. 그 후로도 한진, 강정마을, 전주택시 등 투쟁이 진행 중인 사업장을 찾아가서 만나고 있어요.

여러모로 참 암담한 상황이지요. 자본주의 체제는 앞으로도 경제적 파국 상황이 지속될 것이고, 그로 인한 삶의 고통은 노동자나 가난한 이들에게 전가되겠죠. 벼랑 끝과 같은 고공에 올라 투쟁하는 노동자들의 모습이 지금의 현실을 상징할 터인데, 이런 상황에서 노동자대통령 후보로 나선 소감은 어떤지 궁금하네요.

그래도 현장에서 그렇게 싸우고 있는 것이 희망이라고 생각합니다. 고통받으면서도 저항하지 못하는 상황이야말로 절망일 것인데, 싸우고 있잖아요. 노동자대통령 후보의 존재 이유는 이 싸움에 있다고, 그래서 함께 싸우려 나왔다고 말하고 다닙니다. 어렵게 싸우는 모습은 마음 아프지만, 이 아픔을 넘어서 노동자들이 왜 이렇게 싸울 수밖에 없는지를 선거를 통해 보다 많은 이들에게 알리는 것이 제게 주어진 역할이라 생각하면서요.

늘 오가던 투쟁사업장이 이제는 다른 의미로 다가오는 걸 느낍니다. 왜 그런가를 들여다보기에 앞서, 우선 이전 같으면 편하게 생각되던 곳들이었는데 그렇지가 않아요. 후보로 가는 거니까. 예를 들어 저는 보통 앞자리에 잘 앉지 않는데, 지금은 그럴 수가 없어요. 하다못해 "머리가 그게 뭐냐, 단정하고 예쁘게 하고 다녀라, 그래도 노동자 대표인데" 이런 핀잔도 듣고요. 저더러 자신이 대통령 후보라는 사실을 인지하지 못하는 것 같다고도 하고. 하지만 다를 게 뭐 있나 하는 생각을 해요. '이건 선거운동이라기보다 선거투쟁이다, 지금까지의 싸움이, 이 싸움이 안고 있는 절박함이 만들어낸 또 하나의 싸움이다', 이렇게 스스로에게 말합니다.

얼마 전까지 저도 당 대표로서 진보정치에 몸담고 있었는데, 사실 이건 저로서는 전혀 예상치 못했던 경험이었거든요. 그래서 팔자에 없는 일이라고 했더니 어느 분께서 팔자에 있으니까 결국 하게 된 게 아니냐고 하더군요. 김소연 후보는 어떠세요? 대선 후보로 출마하게 될 거라는 생각을 해본 적이 있나요?

꿈에도 그런 생각은 안 해봤죠. 대선투쟁을 하자고, 지금 치열한 싸움이 진행 중인 현장 동지들 중에서, 직접적으로는 구속된 이를 후보로 내어 싸우자는 제안을 제가 했으니 당사자인 제가 할 거라 생각했을 리 없죠. 현실적으로 피선거권 제약을 받지 않았다면 더 적합한 분이 나서는 것이 맞았을 테고. 이것이 또 하나의 싸움이기 때문에 결심한 것이라 말씀드릴 수 있겠네요. 피할 수 있는 싸움이라면, 현장의 상황이 덜 절박했다면, 마음들이 무너져 내리는 소리를 듣지 않았다면 대통령 후보 김소연은 고려의 대상이 아니었겠죠.

그렇다면 이전에 운동원으로 선거에 참여해본 경험은 있나요?

민주노동당 당원으로 2004년 총선 때 운동원으로서 열심히 뛰었죠. 권영길 씨가 대선후보로 첫 출마했을 때도. 그때는 갑을전자에서 일하던 때였는데, 조합원들과 대선에 대해 토론하고 노보에 기사를 싣기도 했어요.

이를테면 과거엔 투쟁하는 노동자로서 진보정치를 지지해온 것인데, 지금은 어떻습니까? 대선에 출마했다면 정치인인데, 스스로 본인을 어떻게 규정하고 있습니까? 정치인인가요, 투쟁하는 노동자인가요?

최근 금속노조 대의원대회에 갔는데, 정치인이라고 발언 기회를 안 주더라고요.(웃음) 본디 이런 건가 싶었지만, 저는 정치인이 따로 있다고 생각하지 않아요. 우리 사회의 모든 문제가 곧 정치의 문제라고 생각하니까요. 저는 지금 내 문제를 내가 이야기하고 있다는 것이죠. 그러니까 굳이 규정해야 한다면, 저는 정치인이라기보다 투쟁하는 노동자라고 말하고 싶고요.

만약 노동자대통령 후보에 대해 넓은 합의가 존재하고 여기에 힘이 모일 수 있는 상황이었다면, 제가 후보로 나오는 일도, 후보가 되는 일도 일어나지 않았을 겁니다. 제가 후보가 된 것도, 저라도 나가지 않으면 안 된다고 마음먹게 된 것도, 노동의 현실은 절박한데 상황은 지리멸렬하고 이제 스스로 돌파하지 않으면 지금까지의 싸움조차 후퇴를 강요당하게 될 반동의 시기가 다가올 거라 생각했기 때문이에요. 제 적성은 어디까지나 정치가 아니라 현장에서 조합원들과 얘기하고 일하고 투쟁하는 일이지만, 이번 대선이 이 힘겨운 싸움들을 외면하는 힘들과의 싸움이라면 피하지 말자, 싸움이라면 지금까지 물러서지 않았듯이 그렇게.

　그러니까 이번 대선이 김소연 후보처럼 비정규노동을 포함하여 배제당한 노동이 피할 수 없는 싸움이고, 나아가 투쟁하는 노동자들이 이제는 정치의 주체가 되어야 한다는 생각이시군요.

　네. 그렇습니다.

　노동자대통령, 참 설레는 말이에요. 내가 살아있는 동안에 노동자대통령의 탄생을 볼 수 있지 않을까, 그런 꿈을 꾸기도 합니다만. 하지만 신자유주의하에서 자본은 노동 내부를 수직적 분업체계로 배치했지요. 노동계급 내에도 배제에 의한 적대적 관계가 형성되었고요. 조직화된 노동의 상층부는 자본에 포섭되는 반면 자기 몫을 잃어가는 노동자들, 해고노동자나 비정규직 등 약한 하위 부분은 일방통행으로 내몰리고 있어요. 자본의 공세에 맞서기 위해서는 계급성을 토대로 노동자들을 하나로 모아가야겠지만 그러려면 서로 간의 일정한 합의가 이루어졌어야 하는데 이미 노동계급은 이해관계가 다른 적대의 경계로 나뉘어져 버렸습니다. 노동자대통령 후보로서, 아니 좀 더 정확히 말하자면 배제된 노동에 속해 싸워온 노동운동가 출신 첫 대통령 후보로서 이런 상황을 어떻게 이겨나갈 것인지,

생각을 듣고 싶습니다.

좀 더 폭넓게 시작할 수 있었다면 좋았겠죠. 고립무원과도 같은 어려운 상황에서 출발하게 되었다는 것, 이것이 우리의 현실이라는 것을 인정하는 데서부터 출발해야 한다고 생각해요. 지금까지도 그렇지만 내년에는 더 심각한 경제 위기가 올 거라고 예상되는 상황인데, 이 위기란 것도 누가 이야기하느냐에 따라 다른 거잖아요. 언론에서 계속 인위적 구조조정이 불가피하다는 보도가 이어지는 것은 충분히 불길한 징조지요. 노동운동은 내부로부터 무너지고 진보정치는 분열된 상황에서 더 큰 위기는 어떤 결과를 가져올까요?

그렇다면 이렇게 물어야겠죠. 이런 상황에 맞서 무너진 투쟁을 다시 일으켜 세울 수 있는 세력이 누구인가? 가장 아프게 고통받았던 사람들, 치열하게 싸웠던 사람들이 신뢰받을만한 새로운 희망이라고 생각합니다. 헤게모니 투쟁의 관점이 아니라, 이들을 중심으로 다시 단결하고 연대하여 싸워나갈 때 무너진 아름다운 가치와 절실한 것들을 복원해낼 수 있지 않을까요? 비정규직 노동자들, 하루아침에 정리해고된 노동자들, 민영화에 맞서 그리고 노동탄압에 맞서 단결의 가치를 새롭게 깨닫고 있는 노동자들, 뿐만 아니라 삶의 터전에서 쫓겨나는 철거민들이나 장애인 동지들도 함께 주체가 되어 더 폭넓은 사회적 연대로 나아갈 수 있을 때 희망의 근거가 다시 구축될 수 있겠죠. 우선 이렇게 투쟁하는 여러 분야의 요구를 집약시켜 대선 공간에서 싸우자는 것이 우리의 목표입니다. 출발은 소수이지만 내용은 사회적 약자들을 포함하는 다수의 운동을 다시 시작하는.

우리 몸에서 가장 중요한 곳이 어디냐는 이야기들을 하는데, 저는 상처라고 생각합니다. 조그만 상처만 나더라도 그걸 치유하려고 온몸의 신경이 집중되잖아요. 그렇게 치유되어야 몸이 제대로 움직이고요. 사회도 마찬가지라고 봅니다. 아픈 사람 중심으로 사회가 돌아가야죠. 그 아픔이 해결되어야 건강한 사회예요. 비록 폭넓게 출발하지는 못했지만, 선거투쟁을 통해 앞으로 힘 있는 사회적 연대를 구축하는 토대를 세울 수 있다고 믿습니다.

이 자리에 오면서 두 번 빚지고 있다는 심정이었습니다. 우선 첫 번째는, 1997년 IMF 체제의 등장을 1차 파국이라 생각하는데, 이 시점에서부터 자본의 공세가 전면화되면서 소위 구조조정기가 시작되었는데 노동은 단결이 아니라 정리해고의 불가피성을 받아들이면서 약한 고리들이 잘려나가는 것을 수용했지요. 그때로부터 싸움은 배제된 노동들에 전가되었고 희망 또한 빚지게 된 것이지요. '희망버스' 사건은 이 누적된 미안함이 표출된 행렬 아니었던가요? 두 번째로는, 이에 대해서는 양가적 감정인데, 이번 대선에서 다시 한 번 이 어려운 상황에서 배제된 노동 주체들에게 빚지게 되었다는 겁니다. 그럼에도 불구하고, 저는 이렇게 말하고 싶습니다. 조직노동을 포함하여 그간의 진보정치의 주체들이 대선을 포기했기 때문에 우리들이라도 나섰다가 아니라, 배제된 노동 주체들이 정치의 주체가 되는 것, 이것이 시대의 대의이고 역사적 필연이라고. 조금 더 당당했으면 하는 바람인 거죠. 더구나 이것은 비정규직 투쟁을 한 김소연 개인의 싸움이 아니라 1998년 현대자동차 파업이 보여준 것처럼 자본만이 아니라 조직노동으로부터도 배제당하여 이 모든 현실적 모순과 싸워온 지난한 투쟁이 마침내 시작한 거대한 싸움의 시작이라 생각하니까요. 시작부터 너무 거창한가요? 그렇다면 이야기를 되돌려서, 주변 사람들의 반응은 어떤가요? 기대가 많은 만큼 걱정도 많을 것 같은데.

노동자대통령 후보에 공감하는 분들이 많은 자리에 주로 가다 보니, 제가 마치 대통령이 된 것 같아요.(웃음) 물론, 걱정을 많이 하시죠. 특히 이러다 박근혜가 되면 어떡하느냐고 걱정하시는 분들이 많아요. 사표가 되는 후보 아니냐고들 하십니다. 그분들에게 말합니다. 사표 아닙니다. 이것은 최소한 우리의 결집된 힘으로 저들의 정책을 강제하는 일입니다. 우리가 박근혜의 당락을 좌우할 만한 힘을 갖는다면, 문재인이든 그 누구든 그때 비로소 우리의 요구

발자국을 포개다

에 귀 기울일 테니까. 우선은 그렇게 만들어야 한다고.

우리의 원칙적인 요구는, 정리해고와 비정규직 없는 세상입니다. 그게 현실적으로 가능하냐고 묻는 분들도 있는데, 우리의 싸움에 함께하는 사람이 많아질 때, 어떤 정당이든 우리의 요구에 귀 기울일 수밖에 없을 겁니다. 우리의 목소리가 갇히거나 침묵을 강요당하면 그 누구도 우리의 요구에 귀 기울이지 않으리란 건 자명하고요. 그러나 또한 우리는 알고 있죠. 거리에, 천막에, 철탑에 서보았기 때문에 이 자본주의가 고용 없는 세상을 향해 나아가고 있다는 사실을. 우리 곁에 점점 더 많은 사람이 서게 되는 건 그 때문이죠. 그래서 지금과는 다른 정치, 다른 체제를 이제는 말해야 한다고 생각합니다.

문재인 후보는 구로디지털단지 간담회에서 비정규직 문제 해결을 위해 우선 고통 분담을 이야기했어요. 대체 노동자가 더 이상 어떻게 고통을 분담하라는 거지요? 지난 민주당 정권 10년 동안, 노동자 농민의 삶은 더 힘들어 졌습니다. 1 대 99의 세상이 그때 만들어졌습니다. 탄압도 심했어요. 기륭전자 싸움은 노무현, 이명박 정권에 걸쳐져 있었는데, 정권의 탄압은 똑같았어요. 다를 게 없었습니다. 민주당은 명백히 자본의 입장에 섰던 겁니다. 고통분담을 이야기하는 문재인이 1이 아니라 99의 입장에 설까요? 저는 회의적입니다. 지금과는 다른 정치만이 이 문제를 해결할 수 있어요.

박정희가 시작한 한국 자본주의 근대화가 오늘의 신자유주의 체제로 진화하는 데 있어 자유주의 정치세력은 파트너였죠. 그러나 한국의 극우-보수 세력의 헤게모니가 우세한 상황에서 민주당 후보의 당선이 사회적 진보를 가져올 거라는 이른바 '진보적 정권교체론'이 사람들에게 설득력 있게 다가가는 것이 우리의 현실이기도 하지요. 따라서 그러한 양자 구도에 문제제기하려면 보다 정밀한 반론이 필요한 것 같습니다.

그러한 논리나 인식은 오랜 시간에 걸쳐 형성된 것이기도 하고, 여기에 과거의 진보정치인까지 합세하는 것이 슬프기도 어처구니없기도 해요. 일종의 퇴보 같은 현상까지도 보이고요. 비록 두터운 장벽이지만, 이것은 이제 그런 의미에서도 본격적으로 문제시되어야 한다고 생각합니다.

지금까지의 민주당의 행태는 적어도 노동사회에 대해서는 이전 시기 정권들과 다를 바가 없었습니다. 오히려 민주당 정권 시기에 비정규 노동자가 양산되었고, 노동운동은 설 자리를 잃었어요. 빨갱이라 매도되기도 했지만 그 이전만 해도 노동운동은 사회적으로 신뢰받는 집단이었어요. 그런데 김대중 정권이 IMF 국면에서 고통분담론을 들고 나오면서 언론플레이 등을 통해 구조조정에 반대하는 노동운동을 이기적인 비리집단으로 몰아갔던 겁니다. 노노갈등을 유발시켰지요. 일부는 제도정치 내로 포섭하면

발자국을 포개다

서. 노동운동을 한다고 하면 너도 정치할 거냐고 묻는 분위기는 그때부터 만들어진 것이죠.

그리고 민주노동당이 무너졌어요. 저는 민주당 정치에만 책임을 돌릴 수 없는 지점이 있다고 생각해요. 2004년 총선에서 민노당이 10석을 얻었을 때, 다른 정치가 시작될 거라는 기대가 컸지만, 시간이 지나면서 노동자 정치세력화라는 것이 진보 엘리트나 조직노동 출신의 리더를 국회로 보낸 것 말고는 어떤 변화도 보이지 않게 되자 현장 노동자들이 니들도 똑같다는 실망감을 느끼게 된 것입니다. 어디를 가도 기댈 데가 없다는 심정이 되어버린 것이죠. 더구나 이명박 정권이 하도 어처구니없는 행태를 보였으니 다시 현실적으로 가능해 보이는 민주당에 실낱같은 기대를 걸게 되는 것 같습니다.

새누리당과 민주당의 차이? 절차적 민주주의의 복원? 형식만 남은 민주주의가 노동자들의 목에 비수를 들이대는 현실이 반복되는 것, 최악과 차악의 선택만이 남아 있는 것, 바로 이것은 노동자들의 삶에 있어 절박한 위기이기 때문에 이번 대선에 투쟁하는 노동 주체들이 나서려는 것이고요.

그런 의미에서 이번 대선은 역사적 사실에 대한 망각과의 싸움이기도 하겠지요. 사실 정규직이라는 것은 8시간 노동제와 마찬가지로 오랜 시간 투쟁으로 쟁취한 성과입

니다. 유럽에서는 19세기 자본주의를 관통하며 비정규직이
라는 게 얼마나 무서운지 경험적으로 알고 있지요. 그런데
우리는 그런 과정이 없었습니다. 우리 세대만 해도 사회에
나오면 당연히 정규직이라고 생각했어요. 그런데 이른바
민주 정권하에서 그것이 속절없이 무너졌습니다. 시민사회
의 발언권은 다소 확장되었는데, 노동자의 경우는 달랐지
요. 특히 비정규직 문제는 말씀하신대로 본격화되었습니
다. 노동자 민중의 삶의 조건은 그야말로 후퇴했어요. 그
런 상황에서 노동운동 혹은 민주화운동에 참여했던 사람

발자국을 포개다

들이 실망스러운 모습을 보여주기도 했고요. 이걸 단지 실망이라는 단어로만 표현해야 할까요? 저는 이것을 이중의 배제라고 표현합니다. 노동의 약한 고리들은 자본에 의해 배제되고, 함께 싸운다고 여겼던 세력들에 대해 다시 한 번 배제되는 상황이 지속되어온 것이지요.

핵심은, 위기 상황 특히 IMF라는 극단적인 상황에서 누가 가장 큰 고통으로 내몰렸느냐 하는 문제겠지요. 노동자, 그중에서도 노동의 하위 부분 혹은 주변에 위치한 노동자들이었어요. 그러니 싸울 수밖에요. 피해당사자니까, 고통받고 있으니까요. 민주노총까지 밀려버렸으니까요. 노사정위원회 받아들였잖아요. 제조업은 안 한다니까, 아마 우리한테는 안 오겠지 라고 생각했던 게 아닌가 싶어요. 하지만 보가 무너질 때도 시발이 되는 건 바늘구멍처럼 작은 균열이잖아요.

시민사회가 달라진 측면이 분명 있겠지요. 지식인들이나 시민운동가들이 그간 주장해오던 바가 일정 부분 수용되었으니까요. 그러나 한쪽에 조명이 들어오면 다른 쪽은 더 어두워지듯이 노동사회에서 터져 나오는 비명소리는 더 감추어졌던 것이 아닌가, 시민사회의 발언권이 확대되고 그쪽으로 지원도 많아지는 동안 노동현장의 싸움에 시민사회가 함께하는 경우는 많지 않았어요. 민주정권에 힘을 보태야 한다는 생각이 팽배했죠. 50년 만의 정권교체라는 방어의 논리만 팽배한. 그러다 오랜만에 노동사회와 시민사회의 연대가 복원된 게 2008년 기륭 투쟁이에요. 워낙 목숨 걸고 싸우니까 마음이 움직인 것이겠고, 그 이후 민주정권이란 것의 한계도 보이고 이명박 정권의 노골적인 친자본적 행태가 연대를 두텁게 만들었을 테고요. 이렇게 되기까지 많은 시간이 걸렸어요. 그런데 기껏 다시 돌아가라고요? 그 껍데기뿐인 민주주의로? 권력에 참여할 기회가 생길 사람들은 간절히 바랄지 몰라도 더 많이 잘려나갈 힘없는 노동자들이나 사회적 약자들은요? 이번 대선투쟁은 그렇게는 후퇴하지 않겠다는 몸부림입니다.

박정희 시대를 살았고, 이른바 민주정권이 들어선 뒤에
야 귀국할 수 있었던 제가 역사적 반동에 대한 두려움과
민주화에 건 기대는 다른 세대, 다른 사람들의 경험보다
큰 것이었을 수 있어요. 그러나 '친노동적'이라는 노무현
정권이 두산중공업 노동자 배달호 씨 등 노동자들의 잇따
른 죽음에 대해, 또 파업에 대해 '민주화된 시대에……' 라
는 수사로 비판하는 걸 보면서 한국에서의 민주화 과정이
안고 있는 근원적인 모순에 대해 생각하기 시작했다고 할
수 있습니다. 당시 KTX, 기륭전자, 이랜드 등 단식투쟁이
나 고공농성을 비롯해 굉장히 치열한 장기투쟁 사업장들
이 있었는데 이것은 민주화된 정권이라는 말과는 아귀가
안 맞는 상황이었지요. 말하자면, 이런 것이 우리 사회의
현실을, 사회의 내부에 그어지고 있는 날카로운 경계들을
극명하게 보여주는 절개된 단면이었다는 생각이 들어요.
이런 측면에서 기륭 투쟁은 배제의 경계를 보여준 매우 중
요한 사건이었지요. 김소연 후보는 이른바 '민주정권' 시
절에 치열하게 투쟁했던 노동자로서 느낀 바가 많을 것 같
아요. 어쩌면 그것이 지금 대선 후보로 나서게 된 상황과
도 연결되는 게 아닌가 싶고요.

비정규직 보호법이란 것이 여야 합의로 국회를 통과한

것이 2006년 11월이었어요. 더 거슬러 올라가면 이른바 정리해고법이 국회에서 날치기 통과된 것이 10년 전인 1996년인데, 연말 총파업을 벌였지만 다음 해 노사정 합의로 정리해고를 인정해준 것이 민노총 지도부였어요. 이 10년의 드라마가 마감되는 지점에서 노동계 출신 의원들은 무엇을 했고, 또 무엇을 할 수 있었을까요?

우리가 연대의 주체가 아니라 대상일 때의 한계는 이제 더 연장되어서는 안 되는 것이죠. 앞으로도 비슷한 상황이 반복될 수 있지 않을까요? 만일 민주당이 집권하면, 도와야 한다는 논리를 펼칠 겁니다. 내년 총선에서 새누리당이 과반수 의석을 얻게 되면, 아마 그럴 가능성이 높을 텐데, 민주당은 분명히 그렇게 말할 겁니다. 힘이 없으니까 도와달라고. 경제 위기니까 고통분담하자고 하겠죠. 여기에 노동조직의 상층부는 다시 끌려갈 테고요.

노동정치가 뭘까요? 노동자 출신 의원들과 진보 엘리트들이 국회에 들어가 펼치는 정치? 현장에서 싸우는 동지들 만나보면 각 부문별 요구 사항이 있어요. 그것이 우리의 정책이에요. 지금 가장 열악한 조건에서 일하면서 싸우고 있는 민중들의 요구. 그것이 정책이고, 정책 자료집 내용이에요. 더는 빼앗긴 노동의 정치를 외주 주는 일, 하지 않을 겁니다. 가장 절박한 요구를 가장 치열한 방식으로 싸워 지켜내는 정치를 시작해야지요.

왜
김소연인가

왜 노동자대통령인가? 말하자면 지금까지 그런 질문에 대한 대답을 해주셨는데요, 그렇다면 왜 김소연인가? 그런 질문에 도달하게 되네요. 개인적인 질문을 좀 해볼게요. 김소연은 어떤 사람이냐, 이렇게 묻는다면 노동자라고 할 수 있겠지요. 하지만 우리 사회에서 특히 젊은이들은 노동자로서의 자기 정체성에 대한 계급적 인식을 갖지 못 하는 경우가 많은데, 김소연 후보는 어땠나요?

노동자로 살게 된 건, 제 삶의 조건이었어요. 일을 할 수밖에 없는 조건이었거든요. 어린 동생들도 있고 하니까, 집에 생활비를 대야 했어요. 그동안 집에 꼬박꼬박 생활비 드리면서 살았어요. 평범한 노동자의 삶이죠. 공단에 온 것도 마찬가지였어요. 위장 취업, 현장 투신 이런 거였다기보다, 노동해야 한다는 것 그것이 제 삶의 현실이고 제 인생이었어요. 노동자로 산다는 것이 계급적 의식 이전에 곧 김소연의 운명 같은 거였죠. 그렇게 일하는 가운데 잘못된 건 바로잡자는 생각으로 살아온 거예요.

한국 사회의 순치식 교육 안에서 체제 비판적 인식을 갖기 어렵거든요. 대개의 경우 특별한 계기가 있게 마련이에요. 김소연 후보의 경우에는 남다른 고교 시절을 보냈다고 알고 있어요.

사실 상고에 가고 싶지 않았어요. 인문계 가고 싶은데 집안 형편 때문에 상고에 갔죠. 고등학교 들어가서도 대학에 가고 싶다는 생각을 했어요. 좀 모범생 타입이었거든요. 그런데 고등학교 때 사학비리 투쟁이 벌어진 거예요. 올림픽 앞두고 무슨 행사가 있었는데, 알고 보니 학교 측에서 간식비며 차비까지 착복했다는 사실이 알려지게 됐던 거죠. 수학여행비, 동창회비, 심지어 어느 독지가가 후원한 장학금까지 떼먹을 정도로 악랄했죠.

결국 곪은 게 터지고 말았어요. 어느 날 학교에 가니 양심적인 몇몇 선생님들이 대자보를 쓰셨더라고요. 학생들도 동참했죠. 그게 시작이었어요. 학생회가 교무실을 점거하고 졸업생과 학부모도 동참했어요. "교장 물러나라, 재단 물러가라, 관선이사 파견하라……." 이런 요구를 내걸고 격렬하게 싸웠어요. 교육기관에서 가난한 학생들에게 이럴 수가 있는가. 굉장한 분노였죠. 하지만 선배들은 취업 나가야 하고 우리도 진급해야 하고, 또 선생님들은 국보법으로 협박도 받았어요. 그렇게 투쟁이 사그러드는 분위기였죠.

그래도 이렇게 포기할 수는 없다는 생각을 하는 친구들도 있었어요. 우리가 마지막이라는 생각으로 정화여상 정상화 수습대책위원회를 결성했죠. 제가 결심까지 시간이 걸리지만, 일단 결정하면 쭉 가는 성격이거든요. 고지식하다고 해야 하나? 그러니 그때도 마지막까지 남았죠. 교무실에서 밀려나서 지하 서예실에 바리케이드 쌓아놓고 농성했어요. 결국 다음 학기가 시작되면서 농성을 풀었지만 학내민주화 투쟁을 계속 이어갔고, 그 성과로 직선제 학생회를 쟁취했어요.

그렇게 졸업하고 사회에 나와서 첫 직장은 어땠어요?

그때가 89년도인데요, 당시만 해도 상고 나오면 제조업보다는 은행이나 증권회사 병원 같은 곳에 취업했었어요. 저는 청량리 정신병원 원무과가 첫 직장이었고요. 여러 가지로 참 답답한 상황이었어요. 청소는 여자만 해야 한다든가, 원장한테 손님 오면 커피 심부름도 해야 한다든가, 심지어 원장 부인의 개인 심부름까지 해야 했거든요. 행려병자가 많았는데, 그들에 대한 정부지원금을 둘러싸고 비리도 있었고요. 불만이 많았죠.

그때도 고등학교 때 친구들과 모여서 책도 읽고 집회도 가고 토론도 하고 그랬거든요. 취업해서 겪는 일들을 함께 이야기하면서 그런 일을 그냥 받아들이지 말고 저항해야 한다고 서로 독려하기도 했죠. 하지만 그 병원은 그럴 조건이 못 되었어요. 제가 문제제기를 해도 동조하는 사람들이 없었어요. 게다가 병원이라는 곳은 의사 간호사 중심의 구조잖아요? 원무과에서 일한다는 조건 자체가 한계가 있었죠. 안 되겠다는 생각이 들더라고요. 뭔가 의미 있는 일을 하기에 불가능한 구조다, 그래서 3개월 만에 그만 뒀어요. 저한테는 좌절의 시간이었던 셈이죠.

첫 직장인데, 돈 벌면 되는 거지 왜 굳이 그런 생각을 했을까요?

모멸감을 받으며 일할 수가 없었어요. 자존심이 상했죠. 그런 상황에 문제를 제기해도 동조해주는 사람이 없었고요. 그런데 그 직후에 우리교육 출판사에서 제의가 들어왔어요. 해직교사들이 만드는 잡지라니까 함께 일을 돕고 싶다는 기분으로 들어갔고, 출판노조 최연소 분회장으로 활동했어요. 그러면서 싸우기도 했지요. 우리교육은 의미 있는 일을 하려고 모인 곳인데 그 안에서도 모순들이 있었어요. 일은 직원처럼 하는데 처우는 활동가 수준이라든가, 그러면서도 민주적인 의사 결정 구조가 아니라든가. 다른 사회과학 출판사들도 그런 문제를 갖고 있다고 들었어요. 그래도 즐겁게 일했어요. 창립멤버로 들어가서 3년 일했어요. 하지만 좀 다른 일을 하고 싶다는 생각이 들더라고요.

이 사회에 필요한 역할, 그런 일을 해보고 싶었죠. 성격적으로도, 저는 많은 사람들이 모여서 일하는 걸 좋아하는데 우리교육은 소수 집단이었던 탓도 있고요.

원래 싸움꾼인가요? 고등학교 때부터 줄곧 그런 셈인데. 혹 싸움꾼으로서의 인자를 갖고 태어났다고는 생각하지 않나요?

(웃음) 아니에요. 저 원래 순해요. 잘 못 싸워요. 물건값도 잘 못 깎고, 이를테면 택시 아저씨가 엉뚱한 길로 돌아가도 말 한마디 못 해요. 적극적으로 문제제기하는 성격이 아니에요.

원래 개인적으로 사소한 것에 문제제기를 못하는 사람이 구조적 모순을 못 견디기도 하죠. 그럼 그 후에 구로공단에서 일하게 된 건가요?

네. 첫 번째 사업장을 거쳐서 갑을전자에 입사했고 거기서 8년 일했어요. 제가 입사했을 당시가 92년이니까, 소련이 무너진 뒤 다들 전망이 없다고 떠날 때 저는 공장에 들어간 셈이에요. 갑을전자는 구로공단의 축소판이라고들 했어요. 많은 활동가가 들어왔던 사업장이에요. 노민주 모임하면 기본이 50~60명 정도 모였으니까, 현장을 장악하고 있었던 셈이죠. 낮에는 어용노조, 밤에는 민주노조 다 그랬으니까요. 그런데 결국 다들 새로운 전망을 찾아 떠났지만 저는 그럴 수가 없었어요. 딴 데 간다고 나아질 거냐, 여기서 싸우자, 그런 생각이었죠. 그래서 97년에 제가 결국 마지막으로 위원장을 했어요. 결과적으로 그렇게 된 거죠. 기륭도 마찬가지예요.

저도 그때 김소연 후보와 처음 만났죠. 무려 1,895일간 싸운 건데, 처음 예상은 어땠나요?

3일이면 끝날 줄 알았어요. 자신 있었거든요.(웃음)

그런데 30일 동안 단식투쟁을 하게 되고, 그다음에는 94일간 단식을 하셨죠. 저는 단식하면 김소연 후보와 지율 스님이 가장 강하게 떠올라요. 어떻게 그렇게 치열하게 싸우게 된 건가요?

처음 제가 입사했을 때부터 이야기해야 할 것 같아요. 2002년에 입사했는데, 현장 분위기가 워낙 척박했어요. 제 성격이 어지간하면 3일 안에 말 다 트고 지내는 편이거든요. 그런데 사흘 동안 아무도 말을 안 걸더라고요. 사람들이 곁을 안 줬어요.

왜 그랬을까요? 억압적 분위기 때문이었나요?

그런 면도 있지만, 서로 언제 그만둘지 모르는 사람이라는 생각을 한 거죠. 파견이 막 시작될 무렵이라 일이 워낙 힘들었어요. 오자마자 그만두기도 하고 3일을 못 채우는 사람이 태반이고. 또 파견업체도 언제 바뀔지 모르는 거고요. 밥도 같이 먹으러 안 다니고, 경조사도 안 챙기는 상황이었어요. 차별도 심해서, 파견직은 경조금도 없고, 휴가도 절반이었어요. 상을 당해도 정규직은 7일 휴가인데, 파견직은 3.5일 무급 휴가였죠. 그런 분위기 속에서 나흘째 되니까 말을 시키더라고요. 있을 사람이다 싶었던 건지. 그러다 저는 운이 좋아서 3개월 만에 계약직이 됐어요.

그래서 우선 현장 문화를 바꾸려고 노력하기 시작했어요. 경조사도 챙기고, 같이 밥 먹으러도 다니고……. 그러다 결정적인 사건이 일어났어요. 정규직들은 월급직이었는데, 지각을 세 번 하면 상여금에서 10만 원을 공제한다는 규정이 있었거든요. 그런데 최대 30만 원까지 공제한 사건이 벌어진 거에요. 말도 안 된다고 문제제기를 하면서 같이 잔업이라도 거부하자는 분위기가 됐어요. 정규직 비정규직 구분 없이 다 같이 잔업을 거부하고 나가서 밥 먹었어요. 우리끼리 회식한 건 처음이라고 하더라고요.

굉장히 중요한 의미를 가진 사건이었어요. 왜냐하면 정규직 문제인데, 차별받는 비정규직 친구들이 같이 움직여

준 거거든요. 바로 하나가 되는 분위기였죠. 그 뒤로 우리 부서가 구심점이 되었죠. 부서원들끼리 친하게 지내면서 해방구 같은 분위기가 만들어졌어요. 그 바람에 찍혀서 부서가 해체되었는데, 그렇게 다른 부서로 쪼개어져 가서 오히려 분위기를 확산시켰어요. 거기까지가 2년 정도 걸렸어요.

집회 같은 데 가서 다른 사람들 만나면, 저더러 뭐하고 다니냐고 물어보곤 하시더라고요. 3년을 일해도 노조를 못 만들었으니까요. 그때만 해도 민주노총이나 금속노조도 현장에 파견 문제가 이렇게 심한지 몰랐거든요. 저 스스로도 회의가 들기도 했어요. 금속노조는 산별이니까, 차라리 나 혼자 1인 노조로 깃발부터 꽂을까?

그러는 동안에 분위기가 무르익었고, 2004년 8월에 그 유명한 문자해고 사태가 터진 거죠. 초동 모임 열 명으로 준비모임 시작하고 두 달 만에 30명이 비밀리에 노조를 결성했어요. 그리고 부서에서 노조결성 보고대회를 하기로 했어요. 아홉 시 반부터 중요한 일이 있다고 열 시까지 우리 부서로 오라고 전달했지요. 그 30분이 30년 같았어요. 제가 살면서 그렇게 떨렸던 적이 없었어요. 열 시 종이 딱 울리는데 조용한 거예요. 불발인가 하는 생각을 하는 순간, 사람들이 뛰어오는 소리가 들리더라고요. 그 짧은 시간 동안 다급하게 취지를 설명했죠. "노조 만들어야 해고 당하지 않고 일할 수 있다." 200명이 모였고 그 자리에서

150명이 노조에 가입했어요. 뒤에서 눈물 흘리신 아주머니들도 있었죠. 끝나고 나서 어떤 아주머니가 저한테 오셔서 "가입 원서 뺏기지 않도록 가슴에 품으라"는 말씀을 해주시기도 했어요.

그 뒤로 분위기가 달라졌어요. 그전에는 쉬는 시간 끝나는 종 울리면 허둥지둥 뛰어가다가 넘어져서 다치는 일까지 있었거든요. 그런데 이제 다들 느긋하게 구는 거예요. 그런 게 노농자의 힘이죠. 갑을전자 때도 그랬지만, 기륭에서 많이 배웠어요. 내가 너무 겉만 봤다는 생각이 들더라고요. 계약직이라도 되려고 서로 경쟁하는 분위기였거든요. 쉬는 시간에도 일하고 명절에 관리직들에게 선물 바치고. 하지만 마음속은 그렇지 않았던 거죠. 다만 표현하지 못했던 거였어요. 그때 다시 한 번 깨달았어요. '대중을 믿어야 한다. 눈에 보이는 게 다가 아니다.'

그다음부터는 잘 싸웠어요. 정규직 비정규직이 함께 노조 만들고 파업하고, 그 결과 라인이 섰잖아요. 그러니까 자신 있었죠. 그런데 3일이면 될 줄 알았던 파업이 55일이나 가면서 공권력에게 끌려나갔어요. 그렇게 시간이 길어지니까 어쩔 수 없이 떠나시는 분들이 생겼어요. 여성 가장도 많고, 또 비정규직은 최저임금 수준인 데다 무노동 무임금까지 되어버리니까 생활을 유지할 수가 없잖아요. 물론 원망스러운 마음으로 떠난 분도 있겠지만, 많은 분들이 참 미안해하셨어요. 오늘까지 철야농성하고 내일부터 안 나오시는데, 미안하니까 말 못 하고 그냥 가시는 거잖아요. 어쩌다 길에서라도 마주치면 "너희들이라도 잘 됐으면 좋겠다"고 그러셨어요. "너무 힘들다"고요. 6년 파업하는 동안 다른 곳에 취업하신 분들 보면 해고 두세 번은 기본이었어요. 구로공단은 지금 어떤 지경까지 가 있냐면, 일 있으면 나가고 없으면 안 나가는 상황이에요. 비참한 현실이죠.

그렇게 마지막까지 남은 조합원이 30명, 그중에서 전면적으로 결합한 사람이 열 명 정도였어요. 조합원 30명은 어떻게 된 거냐 하면, 회사에서 다른 데 취업한 사람들을 일일이 찾아가서 사직서를 받았어요. 기륭 조합원이 아니라는 증거로 모은 거죠. 사직서 쓰면 위로금 준다고 꼬드기고 다른 데 취업 못 할 거라고 협박하고. 그래도 끝까지 사직서 안 쓰신 분들이 바로 그 서른 명이었어요.

그렇게 싸우면서 노동부로부터 불법 파견이라는 게 인정됐어요. 그러니까 정규직으로 전환해달라고 요구했죠. 당장이 아니라도 방안을 마련하자고 했어요. 저는 유연한 사람이에요. 해고만 하지 말고 교섭하자는 요구였을 뿐이에요. 그런데도 회사에서 안 받아들인 거죠. 법이 비정규 노동자 보호를 못 하잖아요. 소송했는데 대법까지 다 졌어요. 불법 파견에 대한 법 조항이 없다고 했고, 2006년 이후에는 불법 파견이어도 2년 이상 근무해야 한다고 했거든요. 그러니까 그렇게 길게 단식하면서 투쟁할 수밖에

발자국을 포개다

없었어요.

불법 파견도 인정됐고, 소박한 요구일 뿐인데, 어떻게 이게 해결이 안 되나? 이런 요구조차 누가 죽어야만 해결이 되는 건가? 어떻게 거짓이 진실을 이길 수 있는 건가? 그렇다면 대체 우리가 살아갈 희망이란 게 뭔가? 그런 심정으로 단식에 들어갔어요. 94일 단식 들어갈 때는, 이 문제 해결되기 전에는 살아서 땅을 밟지 않겠다는 심정이었죠. 그건 우리의 복직 문제도 있지만, 단지 그것만은 아니었어요. 우리와 함께 싸웠던 노동자들이 여전히 노예 취급 받으면서 일하고 있었으니까요. 이런 현실을 바꾸지 않으면 안 된다는 절박감이었어요.

기륭투쟁 6년을 통하여 얻은 것과 잃은 것이 있다면 어떤 것을 들 수 있을까요?

얻은 것은 우선, 파견 문제, 비정규직 문제를 사회적 문제로 확장했다는 점이겠죠. 불법 파견 정규직화라는 요구를 처음 내건 게 우리에요. 그게 가능하냐? 그런 의문을 가진 분들도 계셨는데, 우리는 당연한 요구라고 생각했어요. 불법이니까 정규직화는 당연하다는 거죠. 우리뿐만 아니라 2005년부터 비정규 투쟁이 불꽃처럼 일어났어요. KTX, 이랜드, 하이닉스……. 모두 함께 싸운 거죠. 거기에 가장 큰 의미가 있다고 생각해요. 사회적으로 비정규 문제의 심각성을 폭로하고 확장했다는 것.

둘째는, 긴 시간을 싸워서 종지부를 찍었다는 거예요. 예전 같으면 1,000일 이상 싸우면 잊혀지곤 했거든요. 그런데 그 긴 시간 동안 연대투쟁으로 더 큰 사회적 투쟁을 일궈냈던 거죠. 그것이 저항의 주체들에게 용기를 주기도 한 것 같아요. 길게 싸운다고 묻히는 게 아니다. 끝까지 포기하지 않고 싸우면 시간의 문제일 뿐 이길 수 있다. 실제로 기륭 이후에 타 사업장도 잇달아 타결이 됐거든요. 이런 경험들이 사회적 연대가 확산되는 계기가 되었다는 거죠. 노동자뿐만 아니라 장애인, 철거민, 이주민들, 그동안 잘 몰랐던 영역의 동지들과 만날 수 있었어요. 특히 하이서울 페스티벌 때 고공에 올라갔는데, 제일 먼저 달려와 준 게 장애인 동지들이었어요. 침탈당하지 않도록 막아줬죠. 너무 고마웠어요.

그러면서 노동문제뿐만 아니라 여러 문제를 고민하게 되었지요. 핵심은 그거였어요. 돈이냐? 생명이냐? 모든 문제가 발생하는 근원은 더 많은 이윤을 가져가려고 하는 데서 출발하잖아요. 활동보조인 문제도 그렇고 파견 문제도 같은 맥락이죠. 다 같은 투쟁이더라고요. 그런 깨달음을 얻게 된 시간이었어요. 많이 배웠죠.

다른 조합원들도 그래요. 우리 싸움 마무리되고도 연대하는 건, 함께 복직할 수 없었던 동료들을 생각하는 마음이에요. 그런 동료들이 기륭 아니라 어디서라도 존중받으며 일했으면 좋겠거든요. 그러려면 법 제도를 바꿔야 하고, 정치를 바꿔야 하고, 그러려면 연대 투쟁해야 하는 거죠. 우리가 연대의 힘으로 이겼으니까, 우리도 다른 동지들과 연대해야 한다는 생각도 있고요. 지금까지 그렇게 싸우고 있어요.

그렇다면 잃은 건요?

주름이 많이 늘었어요.(웃음) 원래 동안이었어요. 기륭 들어갈 때만 해도 대학생 소리 들었는데.(웃음) 지금은 제 나이보다 많게 보시더라고요. 장기 단식으로 후유증이 있긴 하죠. 가장 큰 건 뇌세포 손상이에요. 기억력이 감퇴됐어요. 가장 심했을 때는 단식 끝내고 복식할 때였지요. 방금 얘기해놓고 돌아서면 잊어버리고, 생각은 하는데 몸이 안 따라주고. 그래도 지금은 많이 좋아졌어요. 그래서 쌍용차의 김정우 지부장님도 걱정이에요. 그 밖에는 잃은 게 거의 없어요. 얻은 것뿐이죠. 좋은 분들 너무 많이 만났고요.

연대 투쟁에 굉장히 열심히 결합해 왔는데, 언제부터 사회 연대의 중요성을 깨달았나요? 싸우는 과정에서 자연스럽게 느끼게 된 건가요?

　그렇죠. 고등학교 때 재단비리 투쟁할 때도, 학내민주화 투쟁하는 다른 학교에 방문하고 그랬어요. 갑을전자 때도 그랬죠. 그때 마지막으로 회사가 부도나서 파산 투쟁을 하게 됐어요. 동아일보 바로 옆에 있는 갑을그룹 로비에서 150일 점거 투쟁하고 승리했는데, 그때도 연대하면서 싸웠죠. 그때만 해도 네트워크가 안 되어 있었는데, 특별히 요청이 들어오는 건 아니지만 집회한다 소리 들리면 쫓아가는 거죠. 가서 우리 얘기하고 같이 싸우기도 하고. 어렵게 싸우는데 누가 와주면 우리도 기쁘잖아요. 그러니까 우리가 가는 것도 다른 사람들에게 힘이 될 거다, 그렇게 자연스러운 과정이었어요.

기륭 싸움 중에도 연대하러 다녔죠. "우리 문제도 해결 안 됐는데 가긴 어딜 가냐?" 물론 이렇게 말하는 조합원들도 있었어요. 하지만 제가 고집을 부려서 같이 다녔어요. 가서 느껴야 하거든요. 피부로 느껴야 해요. 그렇게 늘 우리가 먼저 갔어요. 보답을 바라서가 아니라 당연하다는 생각으로 다닌 거죠. 그랬더니 조합원들도 연대가 뭔지 느끼기 시작하더라고요. 나중에는 우리 일정 취소하고 연대하러 가자고 하는 정도까지 됐죠.

KTX나 이랜드 싸움하고 있을 때, 기자들이 섭섭하냐고 묻더라고요. 기륭 투쟁이 묻히는 거 아니냐고요. 그런데 저랑 우리 조합원들이랑 다 똑같이 대답했대요. "우리만 싸워서는 비정규직 문제가 이슈화되지 않는다. 이렇게 다 같이 싸우면서 이슈화되어야 그 속에서 기륭 문제도 얘기된다. 거대한 전선을 만들어야 힘이 된다." 조합원들이 그렇게 말하는 걸 듣고 그동안 싸움 헛되지 않았구나 싶어서 기분이 좋았죠.

왜
새로운 노동정치인가

기륭 싸움 하는 동안에도 민주노동당 당원이었나요?

네. 처음 국민승리21 때부터 함께 했어요. 그리고 기륭 투쟁하는 와중에 분당됐죠. 저 개인적으로도 그렇지만 조합원들에게는 너무도 실망스럽고 가슴 아픈 일이었어요. 타격이 컸어요. 여러 가지 문제가 있어도 같이 가야 한다는 생각이었는데, 그런데 분당이 되어 버린 거예요. 그 이후 진보대통합에 기대했죠. 그렇게 다 같이 하나로 묶어지면 훨씬 힘 있게 투쟁할 수 있을 거라고 기대한 거죠.

그런데 이른 바 '원샷통합'이 된 거죠?

그러기 전에 민주노동당에서 탈당했어요. 탈당하기 전에 입장을 발표했어요. 국참당과 같이할 수 없다고 제기했는데, 통합 선언을 한 거죠.

그 과정에서 어떤 생각을 하셨는지 궁금해요.

그때까지 저는 정치적 입장을 낸 적이 없었어요. 그러다 처음으로 제기한 게, 사회주의 이상과 강령을 삭제한다고 했을 때였어요. 물론 처음부터 제가 강령을 다 보고 거기에 동의해서 당에 가입한 건 아니에요. 민주노총이 함께 만들었으니 가입한 거죠. 그렇지만 있는 강령을 없애겠다는 건 후퇴하겠다는 거잖아요. 강화는 못 할망정 후퇴는 안 된다는 감각이 작용한 것이고요.

그리고 두 번째로 국참당과 통합한다고 했을 때 반대의견을 냈어요. 대의원 대회에서 호소도 하고 그랬죠. 제가 기륭에서 오래 싸웠잖아요. 그런 당사자들이 반대를 하면, 설득이라도 해봐야 하는데 그냥 무응답이었어요. 무시한 거죠. 심지어 통합에 찬성하는 일부 노동자들을 조직해 와서 선전전까지 했어요. 정말 속상하더라고요. 저로서는 참 아픈 기억이에요. 제 인생의 십수 년을 함께 했잖아요. 그동안 당에 대해 문제의식이 없진 않았지만, 현장 투쟁 열심히 하면서 함께 한다고 생각해 왔는데, 이젠 그럴 가능성마저 아예 잃어버린 거죠. 이건 아니다, 이건 진보정당임을 포기한 거다, 그래서 탈당하게 된 거예요.

3당 통합의 직접적인 결과는 아니지만, 지금 이른바 진보 후보가 세 분이나 동시에 출마한 상황이 되었어요. 민주노총도 김소연 후보에 대한 조직적 지지방침이 있을 것 같지 않고요. 오히려 문재인이나 안철수 진영으로 간 분들이 있을 정도니까요. 그들이 말해온 노동중심성이란 대체 무엇이었나 싶기도 하지만, 어쨌든 이렇게 어려운 상황에서 외로운 싸움을 하게 된 건데, 심경이 어떤지 궁금해요.

지금 현장에서는 너희도 똑같다고 생각하는 분위기에요. 그럼 또다시 민주당 찍어야 하나? 이런 고민을 하게 되는 거겠지요. 예컨대 우리 지역 같은 경우에 지난 4·11 총선 때 민주노총 방침이 야권연대였고, 야권연대 후보가 민주당 이목희 의원이었어요. 그런데 이목희 의원이 비정규직 법안 처음 발의했던 사람이거든요. 기륭 투쟁할 때 찾아가면 경찰 불러서 못 들어가게 했던 사람이고요. 민주노총 방침대로면 이목희를 찍어야 하는 거죠. 하지만 조합원들이 그건 절대 못하겠다고 했어요. 차라리 무소속을 찍겠다는 거죠.

그런데 지금 또 그래야 하는 건가요? 이래서는 희망이 없잖아요. 그러니까 현장 노동자들에게 희망을 보여줘야 해요. 다 똑같아 보이는 그런 사람들 말고, 새롭게 뭔가 만들려는 세력이 있다는 걸 보여줘야죠. 이건 위로부터가 아니라 밑으로부터의 요구에요. 투쟁하는 노동자들이 앞장서야 하는 이유도, 그런 현장 분위기와 관련이 있어요. 지금 다른 사람이 얘기하면 진정성을 믿겠어요? 그러니 투쟁하는 우리가 얘기하자, 동지들에게 호소하고 함께 싸우자고 하자는 거죠.

발자국을 포개다

정리해고법은 살인법이에요. 스물세 명을 죽였잖아요. 비정규직법도 마찬가지죠. 살인법을 없애야지 보완한다고 살인이 멈춰지나요? 그런데 이미 폐기가 아니라 보완이 대안인 것처럼 얘기되고 있어요. 어떤 고충이 있냐고 물으셨는데, 고충보다는 고민이 많아요. 무너진 현장을 어떻게 세워야 하는가, 어떻게 조합원들과 마음을 함께 나누고 그로부터 힘을 결집시킬 것인가. 투쟁해야죠. 말로는 다 혁명가니까 변별력도 없어요. 결국 지금 어떤 실천을 하는가가 중요한 거죠. 심지어 박근혜도 비정규직 해결, 반값등록금 운운하잖아요. 그게 진심이라면 집권여당이니까 지금 당장 하면 되잖아요. 그럼 믿어주죠. 민주당도 마찬가지예요. 전주, 광주 문제 해결하면 믿어주겠어요. 그리고 심상정, 이정희 의원은 처음부터 야권연대 단일후보 이야기하고 사퇴하신다니까 따로 할 말은 없고요. 김순자 후보의 경우 안타까움이 있죠. 왜 배제된 노동이 정치의 주체가 되어 이번 대선에서 싸워야 하는지 지금까지 현장에서 투쟁해온 주체들과 함께 의논하는 과정이 있었으면 하는 아쉬움이 있지만, 그렇게 되지 못한 것은 남겨진 주체들의 한계라고 생각하기 때문에 더 이상의 언급은 하지 않으려고 해요.

심상정 의원이 후보 사퇴를 하기 전에 민주노총 간부를 만났는데, 진보 후보가 네 명이라고 하기에 아니라고 말했어요. "두 사람은 사퇴를 전제로 나왔다. 우리 이야기를 할 사람이 없다. 이 시국에 노동자들 분열되고 싸우지 못한다면, 우리의 요구는 사라질 것이다. 함께 싸워야 한다." 이렇게 말했지만 솔직히 회의적이에요. 공조직은 지금 저를 공식후보로 인정하지 않고 있는 거죠. 상의하지 않고 멋대로 결정한 일이라는 거겠죠. 현장에서 투쟁하는 노동자들이 자발적으로 나선다는 데에 감사하고 힘을 보태주면 좋겠는데, 아직은 그렇지 못해요. 하지만 여기에 역동성이 있어요. 힘이 있어요. 지침으로만 움직이면 관료화되죠. 대체 무슨 낙관이냐고 묻는다면, 저는 희망버스를 떠올려보시라고 말하고 싶어요. 아무도 가능하리라고 생각하지 않았던 일이잖아요. 공조직 지침 없으면 모일 수 없는 줄만 알았잖아요. 그러나 지침 없이 모였어요. 공조직을 끌고 오려면 더 많은 동지들이 힘을 모으고 마음을 모아야죠. 그렇게 힘 있게 투쟁하면 민주노총의 관료화된 상층부는 몰라도 조합원들의 마음이 움직이고 당연히 함께 할 거라고 생각해요.

요즘 새누리당도 비정규직 차별 없애겠다는 현수막을 내걸지 않습니까? 그런 걸 보면 두 가지 생각이 들어요. 우선은 맞플래카드라도 붙이고 싶어져요. 그럼 지금 당장 발의하세요, 과반이 넘으니까, 이렇게 말이죠. 그러나 한편으론, 이건 보수의 역습이다, 이런 생각이 드는 거죠. 입으로는 비정규직과의 연대를 말하지만, 조직노동이나 진보정당조차 비정규직을 대상화하고 시혜적 대상으로 보아온 결과, 실제에 있어 차별성이 사라져버린 것이 아닌가 하는 것입니다. 그래서 우리가 현장 노동자들, 투쟁하는 노동자들은 선거투쟁을 통해 견인할 수 있겠지만, 그렇지 않은 대개의 사람들은 그런 기만적인 현수막에 끌릴 수 있다고 봐요. 그런 사람들에게는 어떻게 접근할 생각인가요?

정리해고 비정규직 문제는 이미 사회적 과제로 모두가 얘기하고 있어요. 이것은 힘겨운 투쟁의 결과이지만, 그것을 누가, 어떤 자리에서, 언제, 어떤 방식으로 이야기하느냐가 분별 되지 않은 상황은 또 다른 어려움으로 다가오지요. 이건 진정성이라는 단어 하나만으로 풀 수 있는 문제가 아닌 것 같고요. 자본주의적 방식으로 자본주의를 해결할 수 없음에도 이게 지금과 같은 정치에서 가능할 것이라는 주장은 일종의 사기이지만, 다른 정치는 그러면 어떻게 가능하고 이 문제를 어떻게 풀 것인가는 우리 앞에 놓인 최대의 과제라고 생각해요. 당장에 죽어나가는 사람들이 있기 때문에 현실 정치에서 곧바로 풀지 않으면 안 되는 싸움의 과제들이 분명 있고, 그럼에도 과연 이 자본주의체제가 과거와 같이 고용과 성장이라는 운용관계를 해체해가고 있는 상황에서 노동사회의 범주를 벗어나 전체적인 측면에서 사회를 어떻게 구성할 것인가 하는 문제를 고민해야지요.

우선 대선과 관련해서는, 저희 활동이 제한적이라는 게 가장 큰 장벽이에요. 언론에서도 일단 막혀 있고요. 전 민중을 대상으로 활동할 수 있으면 좋겠지만, 일차적으로는 공단지역을 목표로 삼고 있어요. 본선 들어가면 방송차를 쓸 수 있을 테니까 가장 어렵고 힘든 지역에 가서 계속 얘기하고 선전해야죠. 조직된 노동자들조차 결집이 안 되어 있으니까 지금은 우선순위가 구심을 모으는 일이에요. 불특정다수가 아니라 모일 수 있는 사람들은 최대한 모일 수 있도록 해야죠. 그래서 정치 희망버스를 생각하고 있어요. 투쟁의 주체들이 전국을 돌며 함께 싸우고 그렇게 모인 힘으로 양재동이든 청와대든 어디든 가면 되죠. 집회 신고도 안 해도 되잖아요. 우리 목소리를 내야죠. 그렇게 온몸으로 싸우면서 결집될 거고, 그 힘이 내년 투쟁의 동력이 될 거예요. 지금 새로운 노동정치, 정당건설 고민하고 있는데, 실천투쟁하면서 더 넓혀야지요. 애초의 논의 틀에서 더 다양한 사람들과 함께하도록 확대해야 하는 거죠. 실천을 통해서 신뢰와 진정성을 함께 확인하는 과정에서 모색될 수 있다고 봅니다. 이것이 대선투쟁의 또 하나의 목표입니다.

이른바 통진당 사태 이후 부쩍 노동중심성이란 말을 많은 사람들이 입에 올리고 있지만, 여전히 현장 노동자, 투쟁하는 노동자가 실제적인 주체로 서지 못하는 게 현실인

발자국을 포개다

것 같아요. 노동중심성이라는 말이 공허해지고 기껏 알리바이 정치의 근거로 제기되는 현상이 지금까지 지속되고 있다고 할 수 있지요. 자본주의 사회에서 노동자들은 정치적으로 배제되고 있는데, 그들을 대변하는 역할 역시 노동자가 아닌 대리정치의 상황인 것이죠. 소위 '친노동자적'이라는 말에는 얼마만한 기만이 담겨 있는 걸까요? '친'은 거리를 근거로 사용하는 접두어인데 이것은 바로 스스로와 노동 사이의 거리가 있음을 나타내지요. 그런데 노동자들은 여기에 속는 겁니다. 스스로 주체가 되지 못한 채.

너희들은 대한문이나 현장에 모여 있어라, 우리가 갈게. 혹은 너희가 굶으면 우리가 대변해 줄게. 배제된 노동자들조차 이 상황에 너무 익숙하거나 길들여져 있는 건 아닌지. 이 역시 정치의 공간에서 배제된 노동자들을 노동자의 대변자라는 논리로 다시 한 번 배제하는, 이중의 배제인 거지요. 저는 이런 현상이 진보의 죽음을 불러온 한 요인이라고 보는데, 유럽 사회의 경우를 보면 진보정당의 당 대표라든가 대선 후보라든가, 그런 역할은 현장 노동자 출신이 맡는 게 거의 당연한 분위기거든요. 그런 의미에서 우린 아직 갈 길이 멀다는 생각이 들고 또 이제는 변곡점이 시작되어야 할 때가 아닌가 싶어요. 그래서 김소연 후보의 출마가 우리 진보정치의 역사에서 대단히 중요한 계기일 수 있다고 생각합니다. 이 문제에 대해서는 어떻게 인정하고 싶지 않지만, 저 자신에게도 그런 면이 있었던 것 같아요. 국회의원은 몰라도 대통령은 아무나 할 수 없지 않나? 내가 하면 너무 가볍게 보이지 않을까? 많은 분들이 그럴 거라고 생각해요. 정책은 있어? 협소한 거 아니야? 그러다 백기완 선생님한테 야단맞았어요. "노동자들이 입으로는 세상의 주인이라고 하면서 머릿속에 주인의식이 없다. 눈치 보지 말고 할 말 하고 싸워라." 그 말씀에서 힘을 많이 얻었어요.

이번에 울산 집회 가니까, 심상정 의원이 노동자를 대변하겠다, 이렇게 말씀하시더라고요. 대변하는 게 아니죠. 같이 싸우는 거죠. 갑을전자 위원장 시절에, 노조 슬로건 중의 하나가 이거였어요. '노동조합은 해결사가 아닙니다.' 물론 처음에는 해결사 역할도 해야겠지만, 같이 싸워 나가야 하는 거죠. 노조는 해결사가 아니에요. 그런데 진보정당도, 민주노총도 자꾸 해결사 역할을 하려고 해요. 그게 문제의 근원이에요. 해결사니까 중재하려고 하고, 요구 수준을 낮추라고 하는 방식이 되지요. 정치도 마찬가지인 것 같아요. 해결사가 아니라 많은 대중과 함께 싸워서 쟁취해야 하는 거지, 국회의원 몇 사람이 할 수 있는 일이 아니죠. 내가 노동자니까, 비정규직이니까, 투쟁하는 노동자니까, 내 이야기가 바로 현장 노동자들의 이야기잖아요.

지금 그런 이야기로 노동자들을 만나고 있어요. 내가 정치의 주인이 된다는 것. 그건 내가 후보가 된다는 의미가 아니에요. 그 내용의 중심에 서서 그것을 관철시켜 나가기 위해 함께 싸워나가는 것이죠. 많은 동지들이 그런 정치의 주체가 될 수 있도록 힘껏 싸우고 싶어요.

앞서도 이야기가 조금 나왔지만, 비정규직이나 정리해고 문제의 경우, 지금 당장 어떤 해법을 제시하지 않으면 안 되는 상황들이 있지요. 쌍차 문제의 경우가 그런데, 이런 경우에 현장에서 싸우면서도 대리주의에 기댈 수밖에 없는 현실적 상황 사이에 놓이게 되죠. 이 모순된 상황이 앞으로도 상당 기간 따라다니게 될 텐데.

워낙 힘드니까 지푸라기 하나라도 잡고 싶은 상황인 거죠. 하지만 기대한 만큼 실망도 클 거라고 생각해요. 그 상황이 언제까지나 가지도 않을 거고요. 기륭 싸울 때도 여러 분들이 중재에 나섰는데, 우리로서는 받아들일 수 없는 제안들이었어요. 중재라는 게 그래요. 우리 쪽에 서면 편향이 된다고 생각하니까요. 사측과 노측 사이에 서겠다, 그러면 결국 노동자들에게 대폭 양보를 원하게 마련이에요.

정리해고 때문에 사람이 죽었는데, 그러니까 현장으로 돌아가야 하는데, 거기에 무슨 중재가 있을 수 있겠어요? 지금 쌍차 동지들이 국정조사 얘기하고 있는데, 물론 그게 매개가 될 수는 있지요. 불법적이라고 결론 나면 재판에 영향 미치겠죠. 하지만 지금 급하게 사람을 살려야 하잖아요. 복직시켜라, 이렇게 결론이 나야죠. 심지어 무급이라도 좋으니 일단 복직부터 시켜달라는 말까지 나왔어요. 그런데 중재라는 게 그렇게 안 되거든요. 그건 중재가 아니라고 보니까요.

그러니까 싸우는 수밖에 없어요. 싸우는 동안에는 안 죽어요. 77일 파업 이후에 쌍차가 많이 힘들었죠. 이슈화되지 못했고 아무런 희망이 없었어요. 그러면서 희망퇴직자들이 죽어나가기 시작했어요. 그들은 아무런 희망이 없거든요. 노조에 기댈 수도 없으니까요. 그런데 스물세 번째로 돌아가신 분은 싸우던 동지였어요. 충격적이었죠. 같이 싸우던 동지가 죽었으니까요. 그래서 분향소 차리게 된 거고 사회적으로 다시 이슈화되고 있죠. 결국 우리의 희망은, 많은 사람들과 함께 싸우는 방법밖에 없어요. 그래야 죽는 사람이 없고, 해결책도 찾을 수 있어요

대변인이 아니라는 것, 해결사가 아니라는 것, 그것은 곧 노동의 주체화를 뜻하는 것일 텐데 그동안은 그것이 '노동자를 위한 정치'로 표현되어 왔죠. 이것을 이제 노동자의 정치로 만들어야 하는 것 같아요. 구체적으로 현장에서 어떻게 삶이 파괴되는지, 그 속에서 몸이 요구하는 것이 무엇인지가 바로 정책이라는 말씀에 동감합니다.

발자국을 포개다

그런데 아울러 노동자 중에서도 특히 여성 노동자의 경우 열 명 가운데 여덟 명이 비정규직인 상황이잖아요. 『백년 동안의 고독』을 쓴 마르케스의 노벨상 수상연설 제목이 '백 년 동안의 침묵'이었는데, 이를테면 여성 노동자역시 백 년 동안의 침묵을 강요당해 왔다고 이야기할 수있겠죠. 그런 의미에서 김소연 후보를 통해 노동자는 물론, 여성 노동자의 목소리를 이번에 낼 수 있었으면 하는바람이 있어요.

　제 삶이 지금까지 험한 싸움으로 이어져 오다 보니까, 여성이라고 특정해서 이야기하지 않게 되는 경우가 많아요. 물론 저도 알죠. 비정규직이라도 남녀 차이가 있어요. 여성 비정규직 비율이 높은 이유는, 여성의 업무가 덜 중요하다고 인식되어 있기 때문이고요. 얼마 전 김해공항에 갔더니 검색대 업무를 보는 노동자들이 다 파견직이더라고요. 다시 한번 충격을 받았죠. 전체가 외주화되어가고 있어요. 하지만 그 안에서도 여성 노동자들은 다시 한번 차별받고 있을 거예요. 여성적 관점에서 더 많은 고민을 하려고 노력하고 있어요.

　정리해고 철폐와 비정규직의 정규직화는 그 자체로 절박한 과제이지만, 나는 투쟁하는 노동자대통령 후보의 목소리가 해고 노동자나 비정규직 노동자의 자기 몫 찾기에 국한되어서는 안 된다고 생각해요. 비정규직 등 배제된 노동은 배제됨으로써 이 세계, 자본이 지배하는 이 냉혹한 세계의 본질을 드러내는 보편적 존재지요. 포섭된 노동의 상층부가 노동자를 대표한다는 명분으로 권력화되었던 낡은 노동정치를 넘어서야 한다고 했을 때 저는 새로운 정치적 대의가 바로 이곳에, 배제당하여 온몸으로 비인간적 자본권력과 싸워온 바로 이곳에서부터 새롭게 세워져야 한다고 생각하며, 새로운 인간다운 미래의 가치가 여기서부터 새로이 정의되고 새롭게 운동의 대의를 말하게 된 이 주체들이 도덕적 다수가 되기를 간절히 바랍니다.

그렇기 때문에 비정규 노동을 하는 나도 대통령 후보로 나설 수 있다, 이런 식으로 이야기해서는 안 되며, 이제 우리가 불구가 된 민주주의를, 껍데기만 남은 진보정치를 다시 쓰고 내용을 채우겠다고 당당히 이야기했으면 하는 거죠. 나는 이 과정이 '좌파의 재발명'과 관계가 있다고 보는 데, 좌파 정치에 대한 김소연 후보의 생각은 어떤가요?

개인적으로 좌파 우파 이런 말을 별로 안 좋아해요. '좌'는 '우'에 대한 상대적 위치를 가리킬 뿐 그 자체로 어떤 가치를 지향하는지를 보여주진 않는다는 의미에서도 '좌파당', 이런 이름도 공허하다고 생각해요. 그냥 내가 왼쪽에 있다는 것을 주장하고 싶어 하는 엘리트주의의 냄새도 나고요. 오늘의 자본주의 체제를 극복하여 어디로 나아갈 것인지, 사회주의일 수도 있겠고, 어떤 다른 이름의 사회일 수도 있겠는데, 그것이 아니라면 차라리 '반자본'이라 부르는 게 낫다는 생각도 들고요.

지금 시점에서 중요한 것은 주체의 문제일 수 있고, 어디에서부터 시작할 것인가가 핵심이라는 생각을 해요. 대선을 앞두고 무너진 노동정치의 복원을 고민하다가 투쟁하는 노동자를 중심으로 시작해보자는 결의가 모아졌지요. 가장 아픈 곳이니까. 이곳을 중심으로 단결 연대할 때 정파를 넘어서 하나가 될 수 있지 않을까. 여러 차이가 있겠죠. 함께 투쟁하고 실천하면서 하나로 모으자는 게 이번 투쟁의 핵심이고, 이것을 위해 투쟁하는 노동자를 중심으로 노동자가 바로 서자는 얘기에요.

대선투쟁은 귀결점이 아니라 시작이에요. 새로운 사람을 발굴하고 결속할 수 있는 구심을 만들고 그것을 토대로 내년 경제 위기 국면을 맞아 투쟁하고 또 그런 속에서 노동정치를 고민하며 정당 건설로 나아가야죠. 후보가 되다 보니 노동정치에 대한 역할을 주문받게 되는데, 개인적으로는 좀 부담스럽기도 해요. 하지만 이대로 노동정치가 무너질 수는 없다는 생각을 합니다. 투쟁하는 노동자들이 스스로 주체가 되어, 철거민이든 노점이든 같은 어려움을 겪고 있는 분들과 함께 가야죠. 어떻게? 밑으로부터 힘을 모아 위를 견인해야죠.

전망은 밝게 보세요?

네. 더 큰 어려움 속에서도 늘 잘될 거라고 생각해 왔어요. 어떤 분들은 지금 모여 있는 주체들 속에 특정 정파가 많다고 보시더라고요. 그런 눈으로 보면 그렇게만 보일 수도 있다고 생각해요. 저 같은 경우에는 지금까지 정파에 소속된 적이 없거든요. 그런데 저도 모르게 우파다, 무슨 파다 이렇게 분류되기도 하더라고요. 저 같은 사람이 많이 있어요. 마음을 열고 확장해 나가는 과정이죠. 다양한 생각을 가진 동지들이 대선투쟁에 합의하고 후보를 낼지 누가 알았겠어요? 함께 힘 모아서 대선투쟁 한다는 것만으로도 큰 변화에요. 내년에는 더 넓고 더 깊게 함께 할 수 있으리라 봅니다.

노동정치, 진보정치, 우리가 흔히 이런 말을 쓰는데, 어떤 의미에서는 그런 표현에 비해서 현실적인 역량은 부족한 게 아닌가 하는 생각이 들어요. 파리에서부터 생각한 것인데, 활동가는 많지 않은데 지도자는 많다 싶어요. 활동가는 많지 않은데 평가자는 많다고 할 수도 있고요. 그래서 저는 변혁모임의 활동가보다 활동, 그것도 구체적인 활동에 관심이 많아요. 앞으로 활동가들이 지도자 혹은 평가자가 되고자 하는 흐름으로 가지 않았으면 하는 바람이 있고요. 그것이 진보 정치 노동정치의 재구성을 가능하게 하는 길 중 하나가 아닐까 싶어요.

동감이에요. 입이 아니라 온몸으로 말해야죠. 몸으로 말해야 진정성이 통해요.

너도나도 머잖아 한국에 경제적 파국이 올 거라고 말합니다. 어쩌면 1차 파국인 IMF보다 더 엄중한 상황이 될지도 몰라요. 자본주의는 총체적이고도 근원적인 위기국면에 처해있고, 어떤 학자들은 2008년 이후의 상황을 긴 공황상태로 보기도 하거든요. 유럽이 지금 심각하죠. 그리스의 경우 청년 실업이 50퍼센트에 달해서 사회가 거의 파괴되다시피 했어요. 한국처럼 대외의존도가 높은 구조는 외풍에 의해서 엄청난 타격을 입을 수 있지요. 가계 부채, 실업 문제, 자영업자들의 어려움, 이런 식으로 총체적인 위기가 다가오게 될 때, 이것은 자본의 위기가 아니라 노동자들에게 고통이 전가되는 방식으로 될 가능성이 많죠. 자칫 상황이 파쇼적으로 갈 수도 있다고 봐요.

여기까지는 대체로 사람들이 다 알죠. 그런데 기이한 일 아닌가요? 사람들은 위기라고 말하면서도 별다르게 이를 심각하게 받아들이지 않아요. 나는 아닐 거라는 생각, 나는 아직 '포함된 자'이고 내겐 별일이 생기지 않을 거라는 생각, 그래서 '별일 없이 산다'고도 할 수 있지요. 지젝이란 철학자는 이런 상태를 가리켜, '상황은 파국적인데 심각하지 않다'고 말하는 정신분열적 상태라고 꼬집지요. 위기라는 말은 이제 자본가들이 즐겨 쓰는, 쓰고 싶어 하는 말이에요. 그러면서 고통을 나누자고 할 테고요. 경제적 파국 상황에서 다시 본격화될 자본의 공세에 우리는 사회적 연대로서 맞설 수밖에 없는데, 경제적 공포는 파편화된 개인들을 자기 자신에 몰두하게 할 테고 그렇다면 사회적 연대를 구체적으로 어떻게 현실화시킬 수 있을지 고민을 듣고 싶네요.

얼마 전에 언론에서 대기업과 중소기업을 상대로 설문 조사한 결과를 보도했는데, 구조조정이 불가피하다고들 하더라고요. 삼성도 영업이익이 8조나 되지만 재투자는 안 한다고 하거든요. 내년에 구조조정의 폭풍이 불 것 같아요. 비정규직이 먼저 잘려나가겠죠. 민주노총도 무력한 상황이고 상층의 일부는 정권교체가 해답인 것처럼 말하고요. 그래서 이번 대선투쟁이 정말 중요한 거죠.

저는 해법이 따로 있지 않다고 봐요. 그 수가 얼마가 되었든, 그런 상황에서도 기죽지 않고 싸우는 사람의 존재가 중요해요. 거기서 새로운 정치투쟁의 중심세력을 만들어야죠. 노동정치를 고민하는 사람들이 지금은 그래서 주저하지 말고 한 발 더 나가야 해요.

싸움은 늘 살아 움직이는 거니 예측할 순 없어요. 기륭도 그렇게까지 가게 될지 몰랐으니까요. 현대차 동지들이 지금 저렇게 싸우게 될지도 몰랐고요. 주체만 있다면, 먼저 나서서 투쟁할 수 있는 주체만 있다면, 이들이 매개가 되어서 큰 싸움을 만들 수 있다고 봅니다. 주체 형성이 가장 중요해요.

지금까지 현장을 중심으로 많은 이야기를 했어요. 그런데 정치의 영역에서 보자면, 지금까지는 의회주의랄까, 중앙집권화된 선거에 동원되는 구조로 갔거든요. 진보정치나 노동정치도 그런 오류가 있었죠. 그러면서 놓친 게 가치관 싸움인 것 같아요. 그게 결국 각자를 연대의 주체가 아니라 개별화된 존재로 보게 만드는 거거든요. 진보정치 노동정치 진영조차 그 가치관 싸움에서 패배한 거죠. 그러면서 노동의 수직적 위계구조로 분할이 가속화된 것이고요.

그러니 이제는 연대의 가치를 일상적 삶 속에서 녹여내야 한다고 봅니다. 이건 대단히 중요한 과제에요. 현장에서도 가치관 싸움에서 이겨야 한다고 봐요. 이런 측면에서 꼭 당부하고 싶은 게 있어요. 이번 대선투쟁을 통해 돈이 아니고 생명이 중심이 되는 가치를 어떻게 구현할 것인가. 실종된 정치의 대의만 다시 세워져야 하는 것이 아니라 무너지고 파괴된 삶의 대의, 즉 어떤 것이 인간다운 삶인가, 어떻게 살 것인가, 이런 질문들을 통해 윤리적 주체들이 생성되고 인간다운 가치를 서로 공유하면서 풍요로운 관계를 만들어가는 시작, 이것을 어떻게 만들어나갈 것인가 고민해 주셨으면 합니다. 이 싸움이 치열할 뿐만 아니라 아름다운 싸움으로 기억되기를 바라는 마음을 전하면서, 마지막 질문을 할까 합니다.

연애는 안 해요?

시간이 없어요.(웃음) 그게 아니면 외롭지 않아서인가? 항상 주위에 사람들이 많거든요. 제가 워낙 사람을 좋아해서 술을 마시러 가도 네댓 명이 가서 떠들썩한 게 즐거워요. 늘 그렇게 지냈고요.

그럼 앞으로도 안 하겠다는 생각인가요?

글쎄요, 지금보다 많이 외로워지면 어떨지 잘 모르죠. 제가 사실은 연애보다 여행을 좋아해요. 특산물 먹고 좋은 데 구경하고……. 기륭 끝나면 여행 가야지 했는데 아직 못 갔어요. 일이 많았죠. 희망버스 끝나면 가야지 했는데, 곧장 통진당 사태 터지면서 5월부터 토론하고 그러느라 정신없었어요. 일정이 바쁘기도 했지만 마음의 여유가 없었어요. 투쟁할 땐 수련회도 가서 첫날은 회의하고 둘째 날은 놀고 그랬는데, 끝나니까 더 못 가게 되네요. 지금은 그렇게 가려고 하면 다른 투쟁 사업장이 마음에 걸려요. 싸울 때는 우리 일정 때문에 연대하러 못 가면 안 미안했는데, 지금은 미안한 거예요. 자기들 끝났다고 안 오는 건가 하고 서운해 할까 봐 더 그래요. 어떤 의미에서는 옆에서 보는 게 더 힘든 것 같아요. 그러니까 우리 싸울 때 다른 사람들이 얼마나 힘들었을지 이제 알겠어요. 당사자인 우리는 괜찮았거든요. 사람들이 "걱정하면 별거 아니다, 버티면 된다" 그랬죠. 그런데 막상 우리가 마무리되고 나서 단식투쟁, 고공농성 보고 있으니 마음이 상당히 불편하네요. 사람 마음이 다 그런 모양이에요.

그럼 12월 20일에는 뭐할 예정이에요?

'비없세'(비정규직없는세상만들기 네트워크) 회의 잡혀 있어요. 너무 하지 않아요?

그럼 내년 봄에는?

내년 5월에 복직 예정이에요. 연장 시한이 11월이니까, 만약 5월에 복직하지 않으면 노동자정당 건설 논의 중이지 않을까 싶어요. 정신없겠죠.

거기서 만날 수도 있겠어요.

그 전에 선거기간 내내 만나야죠.

끝으로 하고 싶은 말씀이 있다면? 이를테면 찍어달라든가 뭐 그런 이야기랄까.

찍어달라는 말씀은 아니고요, 함께 싸우자고, 마음을 모으자고, 말씀드리고 싶어요. 현실에 순응해서는 아무것도 할 수 없어요. 저항을 통해 세상은 변해왔어요. 역사에 대한 믿음을 가지고 함께 갔으면 좋겠어요. 홍세화 선대본부장님, 잘 부탁드려요. 대담의 끝은 선생님의 발언으로.

대표자리 물러나고 제일 좋은 게, 발언 안 하는 겁니다.(웃음) 수고하셨습니다.

기획·정리 이현

제13회 전태일문학상 소설 부문으로 등단. 제10회 창비 좋은 어린이책 대상을 받은 뒤 동화 『짜장면 불어요』, 『로봇의 별』, 『오늘의 날씨는』, 『장수만세』, 그리고 청소년소설 『우리들의 스캔들』, 『영두의 우연한 현실』, 『1945 철원』 등 어린이와 청소년을 위한 글을 쓰고 있다.

발자국을 포개다

그들은 할 말이 많아 보였다. 긴 대담이 끝나고도 미처 하지 못한 이야기들이 많은 듯. 그러나 아쉬움을 지그시 누르고 두 사람은 눈인사를 남기고 헤어지려 하고 있었다. 허공에 내던져진 거미처럼 가슴에서 자아낸 이야기들로 새로운 집을 지으려는 사람들.

김소연과 홍세화.

김소연의 이야기는, 노동자의 몸이 살아온 역사다. 몸의 언어보다 더 정직하고 건강한 언어가 어디 있으랴. 노동의 냄새와 저항의 나이테를 가진 노동자 김소연. 그녀는 폐허처럼 보이는 그곳에 우뚝 선 채 희망의 방향을 가리키고 있다.

싸우는 노동자들이 새로 쓰는 정치.

홍세화도, 인고의 역사 속에서 연마된 그의 언어로 같은 곳을 가리킨다. 어둠 속을 걸어온 사람은 그 누구보다 빛에 기민하게 반응할 수밖에 없는 게 아닐까. 만신창이가 된 진보정치의 버팀목을 자임했던 홍세화. 그는 암흑처럼 보이는 그곳에서 빛의 방향을 가리켜온 사람이다. 배제된 자들에게 빛이 비춰지는, 아니 절망에 처박혔던 사람들이 빛을 가져오는 그런 정치를.

이들은 표지판이 되려는 사람들이다. 모두가 길을 잃었다고 생각하는 바로 이때, 온몸으로 살아온 자신들의 이야기로 새로운 길을 향하는 표지판.

'도둑처럼 찾아온 해방'이라는 말이 있다. 그러나 해방은, 역사는, 성큼성큼 걸어올 뿐이다. 기척을 숨기지도, 요란스레 신호를 보내지도 않는다. 다만 사람이 알아듣지 못하는 것이다. 절망과 불신에 귀가 멀어 해방의 발소리를 듣지 못하는 것이다.

그러나 이따금 귀 밝은 사람들이 있다. 해방의 먼 기척에도 가슴 설렐 줄 아는 사람들. 희망으로 상기된 얼굴로 다른 이에게 손 내밀 줄 아는 사람들. 그렇게 우리는 절망이 아니라 희망을 지표로 삼아 여기까지 걸어왔다.

지금, 김소연이 그렇게 외치고 있다. 홍세화가 힘주어 고개를 끄덕인다. 빼앗긴 노동, 싸우는 노동의 이름으로 다시 함께 일어서자고. 저기, 해방의 발자국 소리가 들리지 않느냐고.

2012년 12월, 자본의 칼바람에 맞선 김소연의 외침으로 우리는 이렇게 또 한걸음 내딛고 있다.

발자국을 포개다

3

우리들의 사랑
우리들의 분노

이창근

2001년 쌍용자동차 입사하여 일하다 2009
년에 해고되었다. 파업 당시 쌍용자동차 지
부 대변인과 희망버스 기획단 대변인으로
활동했고, 현재도 쌍용차 지부 기획실장
겸 대변인을 맡고 있다. 한겨레신문과 한겨
레21에 칼럼과 연재 기사를 쓰고 있다.

강경식

1997년에 재능교육 입사해서 2010년에 해고
되었다. 전국학습지산업노동조합 대의원을
지냈다. 딸아이에게 다정한 아빠이고, 더
따뜻한 아빠가 되기를 소망하며 산다.

안명희

출판사에서 일하다 외주 편집자로 생활해 왔
다. 1인 출판사를 준비하던 중 출판노동자협의
회를 만들었다. 현재 전국불안정노동철폐연대
에서 공단지역 미조직 노동자들을 조직해나가
는 활동을 하고 있으며, '해방자'라는 뜻의 철
폐연대 기관지 〈질라라비〉를 만들고 있다.

김혜진

비정규직 없는 세상만들기 네트워크 집
행위원. 희망버스, 희망뚜벅이, 희망광
장 등 정리해고와 비정규직 없는 세상을
만들기 위한 다양한 사회적 연대 흐름
을 위해 활동하고 있다.

발자국을 포개다

함께 살자는 외침,
혹은 다짐

_이창근

우리가 흔히 관계의 파괴나 찢김을 말할 때, 간과하는 것이 있다. 관계가 당사자 개인만이 아님에도 개인으로 치부하는 경향이 있다는 것이다. 관계는 교감과 소통의 총망라며 인간이 삶을 지탱하는 주요한 근거임에도 말이다. 모든 것이 수치화되는 현실 앞에서, 그렇다면 숫자로 말해보면 더 실감이 나려나? 쌍용차 노동자들은 현재까지 23명이 죽거나 자살했다. 현재까지라 말한 것은 이 죽음이 여전히 휴화산이 아닌 활화산인 채 죽음과 삶의 경계가 가장 얇은 삶의 층을 비집고 언제든 툭 하고 나올 수 있다는 공포감이 밴 말이다. 92명의 가족의 삶과 관계가 파괴되었고, 920명의 친구와 친척이 이 죽음의 직접적 피해당사자다. 죽음의 진앙지는 정리해고였고, 여진은 계속된다. 해고로 인한 관계의 파괴는 전 방위로 진행되고 있다. 희망퇴직자만 2,405명이 되는 현실이니 이 숫자는 가히 공포의 얼굴로 여전히 대기 중인 셈이다. 또한 한국에서 2011년 한 해 동안 정리해고된 노동자 숫자는 103,000명이다. 여기에

4인 가족을 더하면 512,000명이 된다. 여기에 또 친구 및 친척 10명을 더하면 5,020,000명이란 계산이 나온다. 관계는 이런 것이 아닐까? 정리해고는 이런 관계를 찢고 철저하게 파괴시킨다. 강상중 교수는 『살아야 하는 이유』라는 책에서 후쿠시마 원전 사고로 감쪽같이 사라진 2,000개의 세계와 우울증에 시달리는 사람을 이처럼 언급한 바 있다.

2009년 쌍용차 파업 당시 언론담당인 대변인 역할을 했다. 하는 일이 이렇다 보니 모든 정보를 가장 빨리 알았다. 회사가 법정관리에 들어간다는 소식도 기자를 통해 맨 먼저 접했고, 경찰병력의 움직임과 정부의 대응도 가장 먼저 알게 됐다. 정보를 빨리 안다는 것이 꼭 좋은 것만은 아니었다. 정보가 대체로 근심거리다 보니 때론 두려움이 밀려왔다. 특히 용산 남일당 망루를 살인 진압했던 경찰특공대 컨테이너 박스 배치 사진을 보고선 오금이 저렸다. 글라인더로 금방 간 자국이 선명한 차가운 쇠의 느낌이 그대로 살아 있었고 순간 머릿속은 아득해졌다. '저것과 싸워야 하는 구나'는 생각이 드는 순간 자신감이 뚝 떨어졌고 머릿속은 복잡해졌다. 인터뷰를 요청하는 언론에 의연하게 말해야 한다는 강박에 시달린 채 담담하게 인터뷰에 응했지만, 손에 배는 땀은 어쩔 수 없었다. 부당한 정리해고에 맞서 싸우는 노동자들에게 국가가 보내는 신호가 경찰특공대의 진압 컨테이너박스란 사실 앞에 무릎이 꺾였지만 오히려 순간 분노가 배가 됐다. '해볼 테면 해봐' 란 오기는 점점 더 생겼다. 공장을 지키겠다는 우리에게 너희들이 저지르고 있는 지금의 작전은 결코 정당하지 않다는 생각이 더욱 강해졌다. 그렇게 싸움은 늘어지는 지루한 여름날을 치열하고 맹렬하게 지나가고 있었다.

밤이면 노동자들은 대부분 핸드폰을 만지작거렸다. 뉴스에서 쌍용차 투쟁을 어떻게 보도하고 있는지 궁금했기 때문이다. 실시간으로 올라오는 소식에 절망과 희망이 교차할수록 고향집 늙은 소의 끔뻑이는 순한 눈의 노동자들은 물끄러미 핸드폰 화면에 시선을 고정했다. 폭도와 강성노조로 시뻘겋게 도배질하는 언론의 보도를 보며 '정말 우리가 그럴까?' 란 생각을 수없이 했다. 때마침 전화기를 찢을 기세로 숨넘어갈 듯 한 젖먹이 아이의 우는 목소리가 전화기 너머로 끝없이 실려 온다. 이제 그만 끝내고 공장 밖으로 나오란 무언의 압력이다. 이 싸움이 가정을 지키기 위한 것임을 장황하게 설명해도 그만두라는 만류가 전류처럼 온몸을 감는다. 시골 노인네도 역정을 낸다. '왜 그런 회사에 들어가 그 고생하고 있냐, 얼른 나와 다른 직장 찾아보라' 는 얘기를 들을 땐, 의지할 곳 없는 공장 옥상에서 추락하는 아득한 느낌에 빠진다. 그럼에도 포기할 수 없었다. 말기 환자의 암 덩이처럼 가슴속엔 억울함이 퍼져있었기 때문이다. 투자하지 않고 기술 빼 간 자본과 경영진에 대해선 머리끝까지 화가 치밀었어도 들어주는 사람이 없다. 나 혼자 잘 먹고 잘 살자는 것도 아니란 얘긴 어느새 독백처럼 공장 안을 맴돈다.

해고자에게 사회 안전망은 존재하는가? 일전에 오슬로 대학 박노자 교수가 대한문 분향소를 방문한 적이 있다. 유럽 사회의 복지가 한국에서 생각하는 것만큼 안정적이거나 꿈처럼 느껴지는 것을 경계해야 한다는 지적을 빼놓지 않았다. 그럼에도 유럽 사회가 한국과 다른 이유는 사회안전망이라는 것이다. 해고 이후 사회가 어떻게 개인을 보호하고 지원해야 하는가는 철저하게 그 사회의 성숙도와 인간에 대한 철학이 배경인 듯했다. 한국 사회처럼 모든 문제를 개인이 짊어지고 해결해야 한다면 국가의 의무를 포기하는 행위와 다를 바 없다. 특히 우리가 주목해야 할 부분이 있다. 2007년 유럽연합 고용사회기회균등위원회 보고서에는 국가가 해고자에게 첫 번째 해야 할 일은 그들의 생명 보호를 위해 더 나은 일자리를 제공하는 일뿐 아니라, 좋은 질의 교육과 사회의 보호서비스, 건강서비스가 제공되어야 하고, 아울러 사회적인 연대와 지원이 있어야 한다고 되어 있다. 이 말의 함의는 무엇인가? 해고가 단순히 임금 몇 푼의 문제가 아니라 심리적 문제까지 포함한다는 의미이다. 해고로 인한 심리적 위축, 공동체의 파괴, 노동에서의 강제적 배제는 일하며 살아가는 인간이 홀로 버티기에는 힘겨운 문제다. 결국 삶의 바닥으로 추락하는 인간을 보호할 수 있는 추락방지그물 역할을 하는 사회안전망을 어떻게 조밀하게 짜는가가 관건이다. 개인에 따라 다를 수밖에 없는 삶의 크기나 여기에서 오는 심리적 내상 정도를 막을 수 있기 위해선 그물코는 가장 약하고 힘없는 사람을 기준으로 설계돼야 한다. 한국사회의 사회 안전망은 허술할 뿐만 아니라 그물코도 너무 크다. 정리해고, 비정규직 노동자들이 그 그물코 사이로 맥없이 모두 빠져내려 맨바닥으로 끝없이 추락하고 있기 때문이다.

경찰 헬기는 최루액을 들이붓는 장맛비처럼 끝없이 퍼부었다. 최루액 막겠다고 들었던 우산은 우산대는 부러지고 앙상한 살 두어 개만이 우산이었음을 알게 했다. 피부가 벗겨지고 다리는 부러졌다. 팔은 빠졌고 머리는 깨졌다. 피는 얼굴을 타고 발목까지 흘렀지만, 공장 정문에선 의사와 간호사의 출입이 허용되지 않았다. 울음이 말라버려 울 수도 없었다. 어린 시절 첫 담배의 몽롱함과 아득함처럼 멍한 기운이 몇 날 며칠 동안 계속됐다. 정신을 놓을 수 없었다. 서로가 서로에게 의지한 채 버틸 수밖에 없었다. 싸우면서 지난 시간이 아스라이 지나간다. 아파트 평수 조금 넓혀 시골에 계신 부모님 모셔야겠다는 일념으로 졸린 눈 비비며 야근했던 시간이 떠오른다. 나이 어린 관리자들에게 더러운 소리 들어가면서도 아들 녀석 대학 등록금 생각에 꾹 참았던 기억이 눈물 따라 흘렀다. 관리자들에게 찍힐까 두려워 집회 한 번 나가지 않았던 그동안의 행동이 부끄럽게 느껴졌다. 이번 추석엔 20년 만근 기념으로 동남아 여행시켜드린다던 부모님과의 약속이 차츰 거짓말로 변해가는 현실이 자신의 무능 때문인 것 같아 원망스러워 머리를 쥐어뜯는다. 누구를 탓하고 누구를 욕할 것인가? 오로지 이 더러운 놈들에게 지지 않고 이기는 길밖에 없다는 생각만 굳어진다.

쌍용차 노동자들은 고립된 공장 안의 폭력과만 싸우지 않았다. 핸드폰과 뉴스와 신문으로 전 방위적 공격을 받은 허허벌판 위에서 운명을 건 싸움을 한 것이다. 하루에도 몇 번을 다짐하고 후회하고 회의하고 의심했다. 우리가 지금 올바른 길을 가고 있는 것인지를. 모래알이 손가락 사이를 빠지듯 흔들리는 사람부터 스르륵 공장을 빠져나갔다. 돌아서 나가는 동료의 등을 볼 때마다 맥이 풀렸다. 다시 기운을 다잡은 건 공장을 벗어나선 살아갈 방법을 우리는 알지 못할뿐더러 듣지 못했고 경험도 없었기 때문이다. 그렇지 않은가? 사회안전망이 없는 대한민국에서 회사안전망밖에 없는 노동자들에게 아무 대책 없이 공장에서 나가라니. 우리가 공장에서 왜 쫓겨나야 하는지를 누구 하나 알아듣게 설명하지 않았다. 어쩌면 그 설명은 존재할 수 없는 것인지도 모른다. 어떤 설명을 할 수 있겠는가? 정리해고가 구조조정이란 좋은 명분으로 한국에서 똬리를 틀고 있는 마당에. 2011년의 정리해고자만 103,000명에 달하는, 해고가 일상인 시대에 무슨 설명을 할 수 있단 말인가? 숫자의 거짓으로 노동자를 속이고, 자금 흐름의 불투명함으로 노동자 눈을 가리는 일이 다반사로 이뤄지고 있다. 우리가 무엇을 믿을 수 있었겠는가? 우리의 싸움은 가정과 가족의 행복과 최소한의 생계를 위해서도 결코 포기할 수 없는 투쟁이었다.

힘겨운 상황에서 인간 존엄을 지키며 연대하는 해고자들의 안간힘이 막강한 자본의 힘 앞에 초라하게 보일지 모른다. 그러나 건강한 나무 한 그루가 울창한 숲의 기본을 이루듯, 해고 노동자 하나하나가 연대의 숲을 이루는 밀알이 될 수 있다. 긴 해고 기간에 옹이 박히고 뒤틀릴 법도 한데 결 좋은 나이테를 가진 이들을 보면, 해고의 세월이 연대의 가치를 성숙케 할 수 있음을 깨닫는다. 둥글둥글 어깨 겯고 걸어가는 동심원의 나이테처럼, 함께 살자.

거리
에서

_강경식

"인간답게 살고 싶다!" 그렇게 노래하고, 그렇게 줄곧 외쳤다. 87년의 노동자대투쟁 이후, 20여 년 동안 대통령이 다섯 번 바뀌고 또다시 대선을 눈앞에 두고 있다.

무엇이 바뀌었나? 인간답게 살기 위해서도 아니고, 단지 살아내기 위해서, 같이 좀 사는 길을 찾아보자고, 어떤 이는 309일을 35미터 크레인 위에서 버텨야 했고, 23명에 이르는 동료와 그 가족들의 서러운 죽음을 마주하며 절망하고 절규하다 차라리 몸이 말라비틀어지더라도 죽음의 행렬을 끝내겠다며 쓰러지기까지 41일을 굶어야 했던 이도 있고, 지금도 여기저기서 하늘로 오르는 이들이 있다. 초겨울의 칼바람과 15만 4천 볼트의 전압으로 전선이 징징 울어대는 철탑 위로……

한때 파업의 가장 일반적인 요구는 임금인상이었다. 봄철마다 공단은 술렁이며 들썩였고, 붉은 머리띠를 매고 공장과 거리에서 구호와 함성과 노래를 하는 노동자들이 있

발자국을 포개다

었다. 이제는 까마득한 기억이다. 만일 요즘 임금인상 파업을 한다고 하면 무어라 할까? 참 호사스럽다 할 것이다. 노동의 현실은 이처럼 참으로 각박하게 하향화되었다. 헌법에 노동조항이란 것이 있던가? 지금 이 나라에 노동3권이란 게 있기는 한가? 노동3권이 헌법에 보장된 것이라면 그것을 방해하는 행위는 불법이어야 맞다. 일터에서 쫓겨나고 삶에서 밀려난 이들은 헌법 밖에 있다. 삭발을 하거나, 굶거나, 거리에서 구르거나, 매달리거나, 하늘로 오르는 길밖에 마땅히 없는 현실이 기막히다.

커다란 주목을 받지 못한 채, 지난 5년간 재능교육의 여성 노동자들은 짐승만도 못한 용역깡패들의 겁박에 치를 떨며 한뎃잠을 자야 했고, 때론 한밤중 취객의 소란에 노루잠을 자며 지금도 거리에서 다시 겨울을 맞을 채비를 하고 있다. 이것은 나의 이야기이기도 하다.

1997년, 딸이 돌이 될 즈음에 나는 재능교육에 입사했다. 딸이 이제 고등학생이 되었고, 35세에 입사해서 쉰이 되었으니 인생의 가운데 토막이 고스란히 재능교육에 물려 있었던 셈이다. 2010년 12월 31일에 나는 해고되었다. 해고사유는 하나. 노동조합원이란 것! 회사는 한때 3,800명이 넘었던 조합원을 외면하고 따돌리더니, 급기야 이간하고, 회유하고, 매수하고, 협박하여 한명 한명씩 집요하게 탈퇴시키다가, 끝내는 전국에 남아있는 조합원들을 전원 해고했다.

하루 12시간이 넘는 노동시간, 이른 아침 전단지 홍보, 주말 홍보, 낮은 임금 등 여러 가지가 있었지만 가장 견디기 힘든 것은 비정상적인 영업 강요였다. 목표 수치가 내려오면 그걸 채우기 위해 유령 회원을 만들어야 하고, 그만둔 회원들의 회비를 대신 납부하며 유지해야 했다. 심지어 어떤 교사는 한 달을 꼬박 일하여도 급여가 마이너스가 되는 경우도 있었다. 1999년 노동조합을 결성하게 된 계기는 이러한 어처구니없이 열악한 노동조건 때문이었다. 33일간의 파업투쟁으로 만들어낸 노동조합! 우리는 더 이상 주눅든 근로자가 아니라 당당한 노동자로 다시 태어났다. 단체협약을 통해 불합리한 제도들을 고쳐나갔고 복지를 늘렸다. 사무실에서 빚어지는 일상의 부당한 업무지시에는 함께 맞서서 따질 줄 알게 되었다. 노동조합의 깃발 아래서 참으로 격한 행복을 맛보았던 시기가 있었다.

회사는 우리가 행복하고 당당하게 일하는 것이 그렇게 언짢았나 보다. 근로자는 좀 수그리고, 주눅 들고, 눈치 보고, 군말 없이 일하는 것이 저들의 구미에 맞았을 것이다. 재능교육이 저지른 온갖 종류의 탄압을, 추악한 만행을 어찌 여기에 다 옮길 수 있을까. 2007년, 그달 그달의 실적에 따라 수십만 원씩 급여가 들쑥날쑥해지고, 많게는 100만원이 넘게 급여가 깎이는 이상한 수수료 제도를 사측은 도입했다. 이에 불응해 2007년 12월 21일에 농성을 시작했다. 회사는 단체협약을 파기하고, 노조사무실을 폐쇄하고, 사무실 집기를 실어가고, 조합원들을 해고하고, 조합원들의 청약저축통장을 압류하고, 승용차를 경매처분하고, 살림살이에 압류딱지를 붙이고, 미혼의 여성 조합원을 감옥으로 보내고, 23억이 넘는 손배소를 청구하고, 채무 불이행자로 등재하여 신용불량자를 만들었다. 구사대를 동원해 농성장을 습격하여 조합원들을 폭행하고, 사람이 앉아있는 비닐 천막을 승용차로 밀어붙였다. 깡패들을 고용해서 여성 조합원들을 폭행하고 성추행했다. 이런 막장 탄압이 교육기업이라는 재능교육에 의해 저질러진 일들의 일부이다. 그랬다. 2003년 배달호 열사가 분신하여 돌아가신 가압류 노동 정국 때, 가압류 노동탄압을 재빨리 받아들여 단체협약 투쟁과정에서 노조 간부급여 등 9억을 가압류한 곳이 재능교육이다. 당시 단식투쟁으로 항거한 정종태 위원장은 2년 후에 병마로 세상을 떠났다.

그래, 우리는 미련스럽게도 이명박 후보가 당선된 뒤 이틀 후 농성을 시작했다. 노무담당이사가 농성장에 나와서 놀렸다. "세상이 바뀌었어. 멍청이들……." 바뀐 세상을 무섭게 실감하면서 1,800일을 거리에서 버텼다. 부끄러움을 모르는 정권, 부끄러움을 모르는 회사! 이 과정에서 우리는 또 한 명의 동료를 떠나보내야 했다. 해고되고 병상에 누워서도, 그렇게 아팠으면서도 우리에게 부담이 될

까 봐 괜찮다고만 했던, 웃음이 너무나 맑았던 고故 이지
현…….

〈적벽대전〉에 제갈공명이 조조의 군사에게서 10만 개의
화살을 얻는 장면이 나온다. 저들이 쏠 수 있는 화살은 이
제 다 쏜듯하다. 그 화살들은 이미 저들에게로 되돌아가고
있다. 실추된 기업의 이미지와 그에 따른 매출 감소…….
그보다는 이것 정도는 깨달은 듯하다. 지금 남아있는 11명
의 해고자들이 다 죽어서 없어지지 않는 한 이 대결이 멈추
지 않으리라는 것! 그래서 지금은 우리를 '복귀' 시키겠다
고 한다. 복직이 아니라 회사를 그만둔 이들이 재입사하는
형태로, 그리고 복귀 후에 단체협약을 논의하겠다고 한다.
2000년도 처음 단체협약을 체결할 때 외에는 세 번의 갱신
체결이 2년 안에 제대로 된 적이 없었다. 현장의 조합원이
어느 정도 있을 때조차도.

11명이 복귀한다면 전국의 11개의 사무실로 뿔뿔이 흩어
져야 한다. 무장해제시키겠다는 의도가 빤히 드러난다. 1
억 5천만 원을 생활안정기금과 노사협력기금으로 내놓겠
단다. 혹시 1억 5천 나누기 11을 해보실 분이 계신가? 이는
무차별 고소·고발로 인한 조합원들의 벌금액수와 비슷한
금액이다. 이런 안을 내놓고 당사자인 해고자들, 노동조합
과 소통은 틀어막고 언론플레이에 열중하고 있다. 그리고
어디에 대고도 지난 5년의 만행에 대한 사과의 말 한마디

없다. 그냥 고개를 주억거리며 '미안합니다'라고 하는 것, 이런 건 사과가 아니지 않은가? 그런데 그런 사과조차도 없다. 의미 있는 사과란 사태 책임자의 처벌과 재발방지를 위한 방안의 마련이 아니겠나? 책임자의 우두머리는 재능교육 회장일 테니 현실적으로 그의 처벌은 힘들기는 하겠다. 그러나 용역깡패 동원 등의 지휘 책임자는 처벌되어야 한다. 친일파, 반란수괴 등을 처벌하지 못한 역사가 지금 이 나라가 이 꼴이 된 데 한몫한 게 아닌가? 기존에 있었던 단체협약을 회복하는 것, 또 이런 짓을 반복한다면 재능교육이 쓴 대가를 치러야 한다는 것을 알게 하는 재발방지의 방안이겠다. 저들에게 악행의 승리를 학습하게 해서는 안 된다. 승리는 우리의 것이 되어야 한다.

처음부터 의도했던 것은 아니었지만, 재능교육 노동자들의 투쟁은 250만 특수고용노동자의 맨 앞줄에 서게 되었다. 1999년 파업을 통해서 노동조합을 결성할 때도 그랬다. 재능교육 교사노동조합이 특수고용업종으로는 국내 최초로 노조설립신고필증을 받고 단체협약을 체결하고, 2000년도부터 다른 학습지들을 비롯해서 특수고용업종 노동자들의 요구가 봇물처럼 터져 나왔고 많은 노동조합이 설립되었다. 지난 11월 1일 행정법원에서 학습지 교사를 노동자로 인정하는 판결이 나왔다. '근로기준법상 근로자라고는 볼 수 없어 부당해고는 아니지만, 노조법상 근로자로 인정

되어 부당노동행위는 인정된다. 그 부당노동행위의 내용
은 조합원들을 해고한 것'이라는 안에서 내용이 충돌하는
이상한 모양이기는 하지만, '학습지 교사는 근로자로 볼
수 없다'는 대법원 판례를 뒤집은 것으로 거리투쟁 1,778일
만에 나온 성과이기는 하다. 법이 온전히 승리를 가져다줄
수는 없겠지만 우리는 이렇게 승리를 만들어가고 있다.

둘이 싸울 때 어떤 입장을 갖는다는 것은 누구의 편이
된다는 것이리라. 약자를 편드는 것이 정의를 편드는 것
이리라. 빼앗은 놈을 두들겨서 빼앗긴 이에게 되찾아주는
것! 이것을 함께 하는 것이리라.

불안정 노동자,
새로운 세상을 가능하게 할 마중물

_안명희

불안정노동 철폐운동을 하는 활동가란 이름으로 살기보다 더 많은 시간을 노동자란 이름으로 살았다. 노동자란 이름으로 살기보다 더 많은 시간을 편집자란 이름으로 살았다. 편집자에서 노동자로, 노동자에서 활동가로, 나를 수식하는 이름은 그렇게 달라져 왔다. 그러함에도 갖지 못한 이름이 하나 있다. 노동조합 조합원이다.

꼭 한번은 조합원으로 살아보고 싶었다. 조합비도 내보고 파업도 해보고 싶었다. 그러나 작은 사업장이 빽빽하게 늘어서 있고, 이 사업장에서 저 사업장으로 옮겨가는 건 일도 아닌데다 여기서 저기로 이동한들 부처님 손바닥 안이기만 한 공간에서 일하며 살아갔던 나에게 노동조합은 갖고 싶으나 가질 수 없는 그 무엇이기만 했다. 다수의 사용자를 두었을 때는 갖고 싶다는 바람조차 사치에 불과했다.

나는 그런 노동자였다. 저임금 장시간 노동에 시달리면서 이 출판사 저 출판사를 전전했던 중소 영세사업장 노동자였고, 내 노동이 아니고서는 생존할 수 없음에도 법제도적으로 노동자의 권리를 박탈당해온 외주 편집자로 이곳 저곳 출판사의 책을 만들던 비정규직 노동자였다. 때문에 나에게 불안정노동 철폐운동은 나와 내 동료들의 힘겨운 노동과 불안한 삶을 위로하고 응원하는 데서부터 시작되었음은 당연했다.

　민주노조운동이 위기라고 말한다. 조직률은 높지 않고 투쟁의 힘도 계속 축소되고 있어서다. 그래서 우리는 조직화를 이야기한다. 더 많은 이들을 조직하고 단결시킴으로써 자본에 맞서 싸우는 힘을 키우기 위해서이다. 그러나 민주노조운동의 위기를 돌파하기 위한 전략으로 미조직 노동자 조직화를 이야기하지만, 여전히 활동은 기업단위를 넘어서지 못하고 있다.

　오늘날 자본은 분사화·외주화라는 방식으로 다단계 하도급 구조를 고착화하고 있고, 정규직과 비정규직, 원청노동자와 하청노동자 등으로 노동자들을 분할하여 계급의 단결을 가로막고 있다. 게다가 노동자들은 고용불안과 열악한 노동조건 속에서 잦은 이직을 해야 하고, 만성적인 실업과 반실업 상태에 놓여있다. 이렇듯 불안정하기만 한 노동자들을 기존의 노조 조직화 방식으로 조직한다는 건 애초부터 한계를 안고 시작하는 것과 같다.

　때문에 기업단위 조직화 방식을 넘어서 지역으로 조직화하자고 말하는 것이다. 한 사업장의 요구를 넘어 전체 노동자의 요구를 담아내자는 것이고, 한 사업장의 투쟁을 넘어 전체 노동자의 투쟁을 만들어내자는 것이다. 그렇지 않고서는 노동현장을 넘어 일상의 공간까지 위협해 들어오는 자본의 공세 앞에 우리의 노동과 삶은 처참히 무너져버릴 수밖에 없다.

전체 노동자의 절반을 넘는 수가 비정규직 노동자이고, 일하고 싶어도 일하지 못하는 청년들이 무수하다. 이곳에서 저곳으로 옮겨 다니는 중소 영세사업장 노동자들이 셀 수도 없이 많고, 프리랜서라는 허울 좋은 이름 아래 생존을 걱정하는 이들은 수치로 잡히지도 않는다.

이들 불안정한 노동자들은 내일을 기약할 수 없는 오늘을 살아가고 있다. 노동조합은 문턱이 높고, 설사 문턱을 넘어섰다 해도 오래 머물지도 못한다. 때문에 어떻게든 홀로 버텨내는 것 말고는 대안을 찾을 수 없는 까닭에 산다는 건 원래 고단한 것이라며 고통스런 현실을 받아들이고 순응하는 편을 택한다. 체념이 일상화되는 것이다.

우리는 이들 노동자에게 말을 걸어야 한다. 불안정한 노동은 당신의 잘못이 아니라고, 개인의 책임이 아니라 사회구조의 문제라고. 위로가 필요한 이들에게 그들 노동과 삶에 응원을 보내야 한다. 그러나 여기서 멈추어서는 안 된다. 더 많은 말을 건네야 한다. 당신 스스로 권리의 주체로 서야만 이 야만의 시대를 끝장낼 수 있다고, 그러니 이윤

만을 위해 자연과 사람과 공동체를 파괴하는 자본에 맞서 함께 싸우자고 말해야 한다.

연대의 마음으로 희망버스에 올랐던 대중이 곧 불안정한 노동자들이다. 투쟁하는 노동자들에게 지지를 보내고 함께하는 시민들이 곧 불안정한 노동자들이다. 이들이 각자의 공간에서 스스로를 노동자로 호명하고 권리의 주체로 설 때만이 현대차를 포위하고 쌍차를 포위하는 것을 넘어 끊임없이 불안정노동을 야기하는 자본 그 자체를 포위하고 고립시킬 수 있다.

'MB의 추억'은 불안정노동자들에겐 고통의 기억이다. 그러나 그 기억은 MB에게서 시작된 것만도 아니고 MB에게서 멈추지 않을 것이라는 데 더 깊은 고통이 자리한다. 정리해고 없는 세상, 비정규직 없는 세상은 새누리당 하나 막아선다 해서 우리가 맞이할 수 있는 세상은 아니기 때문이다.

신자유주의 시대에 자본은 상시적인 자본주의의 위기를 극복하기 위해 노동시장의 유연화를 끊임없이 꾀하고 있다. 비정규직이란 고용형태를 일반화하려 하고, 언제든 해고가 가능하도록 만들려 하고, 사람을 '쓰고 버리는' 노동으로 사고파는 일을 양산하려 하고 있다. 거기에 발맞추어 신자유주의 정치세력들은 한 손으로는 자본의 야만성을 법과 제도로 감싸 두르고, 다른 한 손으로는 보호라는 명

목으로 비정규직 노동자들을 기만하고 있다. 그럼에도 어느 한 날 투표장에 가는 것만이 내 정치적 권리의 시작이자 끝인 것 마냥 최악을 막아야 한다고 차악을 강요하고 강요당하는 일이 반복되고 있다.

불안정노동자로 살아가는 나의 삶을 바꿔내기 위해서는 우리가 무수히 절망하고 좌절했던 익숙한 경험들과 결별해야 한다. 그들이 대리해온 내 정치적 권리가 부메랑이 되어 우리의 노동과 삶을 파괴해가고 있다. 펌프질은 한 바가지 물이면 충분하다. 노동자란 이름으로 신자유주의 정치세력 뒤에 숨어 우리를 조롱해온 자본을 불러내자. 이제는 자본과 정면대응을 하자. 그래야 내가 살고 우리가 산다.

'비정규직 없는 세상을 위한 사회헌장' 제정 운동과 정치

_김혜진

그동안 많은 비정규직 노동자들은 빼앗긴 권리를 찾기 위해 모진 길을 걸어왔다. 기륭전자에서는 김소연 분회장이 무려 94일간 단식을 했다. 그 작은 몸이 말라갈 때마다 그 모습을 지켜보는 이들도 피가 말랐다. 그뿐이랴. 지금도 현대자동차 비정규직 2명(아니, 한 명은 이미 대법원 판례에 의해 정규직이다)이 '모든 사내하청을 정규직화' 하라면서 송전탑 위에 올라가 있다. 그 이전에도 GM대우 비정규직이, 현대하이스코 비정규직이, 건설노동자들이, 코스콤 비정규직이, 뉴코아 노동자들이, 하늘로 오르고 올라 비정규직의 문제를 많은 이들에게 전달하고자 했다. 1,800일이 넘는 재능교육 노동자들의 농성, 삭발과 단식과 농성을 지속하며 10년간 고용안정을 부르짖었던 유치원 임시강사, 아니 이런 것을 열거하는 것 자체가 송구할 만큼 많은 이들이 그렇게 비정규직 문제를 이야기하며 고난의 길을 걸었다.

그들이 비정규직 노동자들이 모진 길을 걸었을 때 많은

사람들이 그로부터 위안과 힘을 얻었다. 이것은 참 아이러니한 일이다. 가장 극한의 고통 속에 있는 사람들에게서 힘을 얻는다니. 하지만 그것은 사실이다. 왜냐하면 그들의 싸움은 단 한 번도 그들만의 싸움인 적이 없었기 때문이다. 재능교육 노동자들은 단지 자신들의 복직만이 아니라, 노동자로도 불리지 못하는 특수고용 노동자들의 권리를 지키기 위해 그렇게 오랜 기간 싸웠고, 기륭전자와 송전탑 위의 현대차 비정규직 노동자들은 '불법파견으로 인정받았으니 정규직화하라'고 하는 대신 '불법이든 합법이든 모두가 비정규직으로 고통을 당했으니 모든 사내하청을 정규직화하라'고 이야기하며 싸운다. 자신의 문제를 위해 싸우지만 이것이 결국 모든 노동자들의 문제임을 아는 사람들, 법의 보호에서 배제되는 이들의 아픔을 너무나 잘 알기에 그 법을 뛰어넘어 전체 노동자들의 권리를 위해서 싸우는 사람들, 이런 사람들에게서 위안을 얻고 용기를 얻는 것은 당연한 일 아닐까.

그런데 이렇게 앞에 서 있는 노동자들을 응원하고 그 싸움에서 이기기를 바라는 것만으로 우리 모두가 바라는 '비정규직 없는 세상'은 오지 않는다. 더 많은 노동자들이 나서야 하고, 더 많은 노동자들이 권리를 찾아야 하고, 우리 모두가 '함께 싸워야' 비정규직 없는 세상은 가능하다. 그런데 아직도 많은 노동자들은 침묵하고 있다. 한국에 비정규직이 900만 명에 달하고, 권리의 사각지대에 있는 영세사업장 노동자들도 50퍼센트를 훨씬 넘어서는데, 여전히 이들은 최저임금 수준의 저임금과 장시간노동을 감내하며, 불안정한 삶과 차별을 감내하고 있다. 불만과 고통은 이미 극에 달해있고 그래서 정치권에서도 누구나 이 문제를 해결해야 한다고 떠들고 있는데 막상 당사자들은 일어서지 않는다. 그저 침묵하고 있을 뿐이다.

아마도 여러 가지 이유가 있을 것이다. 생존을 위한 장시간 노동 때문에 아무 생각도 하기 싫고 버티기만으로도 삶이 버겁기 때문일 수 있다. 아니면 지속적인 차별과 배제가 노동자들을 이미 무기력하게 만들어서일 수도 있다. 아니면 미래를 잃어버리고 이 답답한 현실을 술이나 오락으로 잊고 있을지도 모른다. 아니면 유력한 정치인들이 자신을 대신하며 문제를 해결해주기를 바라지만 그것이 반복적으로 배신을 당하면서 아예 변화의 기대를 잃어버렸을 수도 있다. 비정규직 문제는 너무나 큰 문제이고 사회 체제가 바뀌어야 하는 문제라서 한 사람의 울분만으로는 바꿀 수 없다는 체념도 짙게 깔렸다. 그러다 보니 절망과 순응 속에서 이제는 내 권리가 무엇이었는지조차 잊어버리게 되었다. 노동자들은 쫓아내도 순응하고, 차별해도 받아들이고, 위험한 작업으로 내몰아도 죽음의 작업장으로 그냥 걸어 들어가는 그런 처지가 되고 있다.

지금까지는 앞서서 고군분투하는 비정규직 노동자들의 투쟁으로 비정규직의 문제를 알려져 왔다. 그런데 이제는 모든 이들이 함께 나서야 할 때이다. 비정규직 없는 세상 만들기 네트워크에서는 그래서 아직 침묵하고 있는 비정규직 노동자들에게 이야기하고 싶었다. "모든 노동자들에게는 자신들을 조직할 권리가 있다"고. "앞에 선 이들이 우리에게 어떤 권리가 필요한지 이야기하고 있고, 그것은 우리가 함께할 때 현실 가능하다"고. 그래서 그동안 투쟁해 왔던 노동자들의 요구를 모아 '비정규직 없는 세상을 위한 사회헌장 제정운동'을 시작했다. 세계인권선언이 비록 한계가 있더라도 세계 인권의 기준이 되는 것처럼, 우리도 노동자라면 당연하게 가져야 할 권리에 대해 이야기하면서 잘못된 우리 현실을 폭로하고 함께 나서기를 많은 이들에게 요청하기 위해서였다.

물론 권리를 안다고 해서 모두가 빼앗긴 권리를 찾기 위해 나서지는 않을 것이다. 하지만 도대체 이 불안과 고통의 원인이라도 최소한 알아야 하지 않겠는가? 자본주의는 노동자들이 안정적으로 일할 권리를 파괴했다. 일하지 않으면 생존이 불가능한 사회에서 노동의 안정성이 파괴된다는 것은 삶이 불안정해진다는 것이다. 미래를 알 수 없는 불안감 속에서 우리는 살아남기 위해 경쟁해야 했고, 기업이 시키는 대로 '함께 살기'보다 남들을 짓밟으며 살아야 했다. 그것이 우리의 인간성과 공동체성을 파괴하고 노동의 즐거움과 인간의 존엄성을 빼앗아 갔다. 그러나 지금의 자본주의는 대안이 되지 못한다. 이 위기의 시기가 지나면 안정적이고 모두가 행복한 세상이 다시 오는 것이 아니다. 오히려 이렇게 노동자들의 삶을 불안정하게 만드는 이윤 논리가 지금의 위기를 더 심화시키고 우리의 미래는 완전히 망가지고 말 것이다.

그래서 우리는 요구해 왔다. 우리 삶의 안정성을 파괴하고 남들을 짓밟아서 이루어지는 이윤의 세상, 이제는 그만 멈추자고! 그것만이 우리가 살아갈 유일한 길이라고. '사회헌장 제정운동'은 바로 '비정규직 없는 세상'을 위한 것이다. 비정규직이 없는 세상은 모두가 정규직이라는 고용형태를 갖는 세상을 의미하는 것이 아니다. 정규직들도 지금은 불행하다. 장시간 노동에 시달리고 일하는 곳에서 자신이 그것을 통제의 권한이 없기 때문에 그저 시키는 대로 일해야만 한다. 일의 보람은 사라지고 이윤의 노예가 된 지 오래되었다. 그렇기 때문에 우리가 비정규직 없는 세상을 만들자는 것은 모든 노동자가 권리를 보장받는 세상을 만들자는 것이다. 그 어떤 노동자도 차별받지 않고 인간의 존엄을 누리며, 그 어떤 노동자도 불안함에 떨지 않고 안정적인 노동의 권리를 누리고, 자신의 노동 조건을 변화시킬 권리를 가지는 그런 세상을 만들자는 것이다.

우리는 사회헌장 제정하는 일도 중요하지만 이 헌장을 통해 더 많은 이들이 싸움에 나서기를 원한다. 그래서 이 헌장의 내용을 현실로 만드는 사회적 힘을 만들고 싶다. 예를 들어 세계 어디에서나 청년실업 문제가 심각하다. 그래서 각국에서 청년노동자들이 '일자리'를 요구하며 싸운다. 그런데 우리나라 청년들은 아직도 침묵하고 있다. 많은 이들이 허구적인 계약서에 묶여 안정적으로 노동할 권리를 이야기하지 않는다. 공부를 열심히 하면 비정규직을 면할 수 있다는 허구적인 논리에 사로잡혀 싸우는 대신 도서관으로 간다. 논리의 왜곡, 허구적인 인식, 집단의 힘에 대한 불신, 나서면 다친다는 피해의식으로 자신의 삶을 더 암울하게 묶어두고 있다.

우리가 사회헌장을 만드는 것은 "모든 노동자는 안정적으로 일할 권리가 있다"는 추상적 선언을 하기 위해서가 아니다. 그 일자리가 상시적인 일자리라면 11개월짜리 계약서를 청년 인턴들에게 들이미는 것 자체가 부당하다는 것을 이야기하기 위해서이다. 열심히 공부를 해서 정규직이 된다고 해도 결국 끝없는 구조조정에 시달리며 불안정성을 계속 안고 살아가야 한다는 것을 알리기 위해서이다. 이것이 보편적인 권리이기 때문에 모두의 마음에 안정적인 일자리에 대한 요구가 살아있고 그러기에 한번 함께 해보면 얼마나 큰 힘이 될지를 이야기하기 위해서이다. 그래서 청년들에게도, 수많은 비정규직들에게도 이제 '나서라'고 권유하기 위해서이다.

비정규직 없는 세상을 위한 사회헌장 제정운동은 이제 출발 단계이다. 그동안 투쟁해왔던 비정규직 노동자들의 요구와 현실을 담아 초안을 만들었고 이 초안을 갖고 더 많은 이들과 토론하고 논쟁하면서 우리가 누려야 할 권리를 더욱 잘 다듬어서 발표하려고 한다. 그런데 앞서 이야기한 것처럼 이 헌장을 '제정'하는 것이 비정규직 없는 세상만들기 네트워크의 목표는 아니다. 오히려 이 헌장 제정은 시작일 뿐이다. 이 헌장에 기초하여 노동자들의 안정적인 권리를 파괴하는 기업에 맞서 싸울 것이고, 미래를 박탈하는 비정규법을 철폐하기 위해서 싸울 것이다. 비정규직을 차별하는 대출규제 등 사회적 압박 등 우리를 둘러싼 모든 것에 맞서 싸울 것이고, 모든 것에 저항할 것이다. 그렇게 저항하는 힘들이 얼마나 큰지를 반드시 보여줄 것이다.

내년에 경제위기가 심화된다고 한다. 그때가 되면 야당이 대통령이 되더라도 '기업경쟁력'이 사회의 가치가 된 이상 노동자들에게 고통전담을 요구할 것이다. 민주당이 비정규직 양산법 파견법과 기간제법을 만들었을 때 우리는 이미 그들이 노동자의 편이 아님을 알았다. 그리고 반성한다고 말하는 지금도, 그 법의 테두리에서 약간의 개선을 해법이라고 말하는 것을 보면서 그들이 현실 정치의 대안도 아님을 알게 된다. 우리에게는 진짜 대안이 있다. 비정규직 노동자가 단결하여 정치의 주체로 나서는 것이다. 그러면 현장의 변화만이 아니라 사회·제도적인 변화도 만들 수 있고, 기업도 통제할 수 있다. 비정규직 없는 세상이 가능해지는 것이다. 그래서 기륭전자의 분회장으로 7년간 비정규직 철폐투쟁을 해왔고, 희망버스운동과 쌍용자동차 정리해고 싸움에 앞장서온 김소연 분회장이 노동자대통령 후보로 나섰을 때 즐거운 마음으로 함께 했다. 당선되면 무언가를 해주겠다고 말하는 대신, '함께 나서서 싸우자'고 말하기 위해 대통령 후보라는 어려운 길에 나선 것이기 때문이다.

나는 아직도 '정치'에 대해서 잘 모른다. 하지만 비정규직 없는 세상을 위해서 노력해 왔던 비정규직 노동자들의 투쟁이 '정치'가 아니라고 생각해본 적은 단 한 번도 없다. 나만의 삶을 위한 것이 아니라 모두의 삶을 위한 것, 그리고 누군가만의 권리가 아니라 모두의 권리를 위한 투쟁이었기에, 그리고 더 많은 힘을 모아 비정규직 없는 세상의 꿈을 현실에서 구현하고자 노력해왔기에 이것이야말로 정치적인 것이다. 그러나 언제부턴가 생존권을 위해서 열심히 투쟁하지만 모두의 권리를 위한 제도의 변화 등은 정치인들에게 구걸하는 경우가 많았던 것도 우리의 현실이다. 이런 식으로 정치가 정치인들만의 전유물이 되고, 정치에 대한 회의감이 노동자들을 '정치적인 것'들로부터 멀어지게 할 때, 그것은 곧 정치의 주인(민주주의)이라는 허울만 가진 채 우리 모두가 정치에서 배제되는 과정에 다름 아니다.

거리의 정치를 실천해 왔던 이들이 노동자대통령 선거 투쟁본부의 이름으로 가진 자들만의 정치 공간에 도전장을 내밀었다. 이 '정치공간'은 우리의 삶에 큰 영향을 미치고 때로는 삶을 송두리째 빼앗는 많은 법안과 행정과 공권력이라는 이름의 폭력이 정당화되기도 하는 공간이며, 민주주의라는 이름 아래 선거를 통해 권력에 대한 형식적 인정 절차를 밟아가는 공간이다. 그곳에서 여러분에게 "이제 숨죽이지 말고, 다른 이들에게 기대지 말고, 우리의 힘으로 권리를 찾자"고 이야기하려고 한다. 사회헌장제정운동을 통해서 실현하려고 했던 '정치'가 지금 대통령선거 공간에서도 다시 만들어지고 있다. 이제 투쟁했던 이들의 힘으로 '정치공간'을 뒤흔들고 다른 정치가 시작될 것이다.

실망하고 무기력하고 두려워서 침묵했던 많은 비정규직 노동자들에게 호소한다. 우리의 힘이 얼마나 큰지 확인해보자. 그러려면 단결해야 하고 거리로 나서야 한다. 함께 싸우자. 우리가 나설 때 비정규직 없는 세상은, 다른 야당 정치인들의 수많은 공약보다 훨씬 현실성 있게 우리의 미래로 다가온다.

발자국을 포개다

4

낯선 시작,
발자국을 포개다

기륭

　비정규직 투쟁의 큰언니. 금속노조 기륭전자 분회는 그렇게 불린
다. 비정규직 투쟁의 선봉에서, '장기투쟁'의 하루하루를 경신하며,
기륭 분회는 그렇게 싸웠다. 2005년부터 햇수로 6년, 자그마치 1,895
일. 파견직이었던 기륭 조합원들이 정규직이 되는 데, 중학교 2학년
짜리가 스무 살 대학생이 되는 시간만큼 걸린 셈이다. 그 긴 시간 기
륭분회는 끈질기게 싸웠다. 그리고 그 시작과 끝에 비정규직 문제가
있었다.

　언제부턴가 잡담을 하다가 잘린다는 '잡담해고'라는 말이 있을
정도로 비정규직에 대한 처우 문제가 심각한 사회 문제로 대두되기
시작했다. 2005년 7월, 서울디지털산업단지 내 대표적 불법파견 사업
장이었던 기륭전자의 노동자들은 불법파견 정규직화를 요구하며 노
동조합을 결성했다. 당시 300여 명의 노동자 중에 200여 명이 순식간
에 노동조합에 가입했다. 하지만 회사 측은 '계약 해지'라는 이름으
로 노동자들을 해고하기 시작했다. 그것도 내일부터 나오지 말라는
간단한 문자메시지 하나로.

　1년 미만 노동자들은 전원 해고했다. 노조는 전면파업으로 맞서
해고 중단과 정규직화를 요구했다. 시간이 지나도 좀처럼 해결 기미
가 보이지 않고 투쟁이 장기화되자, 2008년 기륭분회는 투쟁 1,000일
을 기점으로 강도 높은 투쟁을 전개했다. 그리고 그해 5월, 기륭 조
합원들은 철탑 위로 올라갔다. 시청 앞에서, 구로역에서, 35미터 높
이의 철탑에 올라 보름 넘게 고공농성을 진행했다. 10여 명의 조합원
은 단식을 하기도 했다. 이 과정에서 김소연 분회장이 94일 동안 단

사진© 정택용

식을 이어가 많은 이들의 걱정과 우려를 낳기도 했다.

기륭 문제가 전사회적 이슈가 되면서 여러 시민사회 단체들이 기륭 투쟁에 연대하고 정치권도 나서 문제 해결을 촉구했으나, 사측이 '취업알선안'을 해결책으로 내놓으며 교섭은 다시 결렬됐다. 10월에는 사측의 공장 이전을 막기 위해 기륭전자 최대 바이어인 미국 시리우스 사까지 원정투쟁을 떠났다. 그 사이 기륭전자 측은 공장을 이전했다.

기륭분회는 구사옥 앞 농성장을 지키며 불법파견에 대한 ILO권고안(2008년 6월 국제노동기구 ILO는 한국정부에 간접고용 노동자의 노동기본권 보장을 위한 제반의 조치를 취할 것을 촉구하는 권고를 채택한 바 있다)을 이행할 것을 촉구했다. 그 밖에도 2010년, 기륭문제 해결 촉구 광화문 1인 시위, 주 1회 집회 및 문화제, 최동열 회장 집 1인 시위 등 다양한 투쟁을 전개했다. 막바지에는 교섭이 난항을 겪으며 두 조합원이 20일 동안 단식을 했고 김 분회장이 공사를 강행하기 위해 들어온 포크레인에 올라가 고공농성을 진행하기도 했다.

마침내 11월 1일, 기륭전자 노사 간 합의가 이루어졌다. 2005년 10월, 54일간의 농성 끝에 경찰에 연행되어 가면서 "우리는 반드시 정규직으로 돌아오겠다" 부르짖던 외침을 6년 만에 실현하게 된 것이다.

동희오토

 동희오토는 현대기아의 '모닝'을 완성차로 생산하고 있는 국내 최초의 완성차 외주공장으로, 동희오토 노동자 900여 명 전원은 사내하청 간접고용 비정규직이다. 이들은 17개의 하청업체로 나뉘어져 있으며, 1년짜리 계약직 노동자들이 대다수다. 하지만 동희오토 공장 토지와 건물, 완성차의 연구와 개발 등은 현대기아 자본에서 갖고 있으며, 동희오토는 단지 기아차의 생산지시에 따라 조립해 생산하고 있다.

 지난 2005년, 동희오토 사내하청지회가 설립된 이후에는, 사측이 업체 폐업과 개별적 계약 해지 등으로 1백 명의 노동자를 해고한 바 있다. 때문에 동희오토 지회는 5년간 원직복직과 원청 사용자성 인정을 요구하며 투쟁을 이어 왔다. 또한 이들은 2010년 7월부터 양재동 현대기아차 앞에서 현대기아차그룹 정몽구 회장과의 직접교섭을 요구하며 농성을 벌였다.

 양재동 현대기아차 본사 앞에서 농성을 시작하니, 하청 업체에서 교섭 요청이 들어왔다는 것은 결국 진짜 사용자가 현대기아차 자본이라는 것을 증명한 셈이 되었다. 농성 기간 동안 현대기아차는 단 한차례의 입장 발표도 하지 않았으나, 농성장에서의 현대기아차와 지회와의 싸움은 격렬했다. 현대기아차는 사용자성을 부정했지만, 이들은 용역 직원을 동원해 농성을 가로막았다. 조합원들과 사측 직원, 그리고 용역직원들은 본사 앞 농성장을 비롯해 1인 시위, 현수막 등을 놓고 수시로 몸싸움을 벌였다. 본사 앞 집회신고가 막혔을 때는 서초서 집회신고투쟁으로 돌파해 내고, '진짜 사장이 고용해! 공

동농성단'을 만들면서 연대를 확장했으며 "100퍼센트 비정규직 공장, 진짜 사장이 고용해" 등 비정규직 문제의 실태를 구체적으로 제시하여 사회적 파장으로 확장하게 하는 계기가 되었다.

2010년 11월 3일 사측과 지회는 △해고자 9명 복직 △일시금 각 1천만 원 지급 △복직 대상자 고용보장 노력 △고소·고발 등 취하 △금속노조 조합 활동 인정 △원청사인 동희오토(주)의 합의사항 적극 지원 등을 잠정 합의했다. 현재 순차적으로 복직된 해고자들은 공장에서 사내하청 노동자로 일하고 있으며, 12시간 맞교대의 고단한 일상에서 또 다른 희망을 만들어내기 위해 노력하고 있다.

재능교육

특수고용노동자 투쟁의 상징, 학습지노조 재능교육 지부의 투쟁은 얼마 전 1,800일을 맞았다. 이명박 정권 출범과 동시에 노숙 농성에 돌입한 이들은 꼬박 5년을 길 위에서 살았다. 이명박 정권은 집권 5년을 거쳐 임기 말에 들어섰지만, 이들의 투쟁은 여전히 끝이 보이지 않는다. 대선 국면을 맞아 야권에서는 특수고용대책을 내놓고 있지만, 길게는 10여 년간 지속되어온 특수고용노동자들의 투쟁 요구를 온전히 담아내는 데까지 미치지 못한다.

때문에 재능교육 지부는 노동계까지 몰아친 문재인, 안철수 바람에 쉽게 휩쓸리지 않는다. 정권교체가 세상을 바꾼다는 구호가 남발되고 있는 상황에서도, 이들은 여전히 '투쟁으로 세상을 바꾸겠다'며 제 갈 길을 간다. 그래서 가끔 고집스럽다는 소리도 듣지만, 그것은 노무현, 이명박 정권까지 숱한 탄압을 경험해 보지 않아서다. 1,800일의 투쟁 속에서 18대 대선 국면을 만난 재능교육 지부는 여전히 정치권의 힘을 빌리지 않고도 승리하는 싸움을 동지들에게 보여주고 싶다고 강조한다.

재능교육 노조와 사측은 2012년 5월부터 12차례에 걸쳐 교섭을 진행했으며 지난 8월 29일 일명 최종안을 사측이 발표했다. 사측이 제시한 최종교섭안의 내용은 △해고된 11명과 위탁사업계약 체결 및 계약해지 이전 소속지국으로 배치 △위탁사업계약 체결 즉시 단체교섭 시작 △민형사상 고소·고발 취하 및 처벌불원 탄원서 제출 △생활안정지원금과 노사협력 기금으로 1억 5천만 원 지급 등이다.

그러나 노조는 해직자는 11명이 아니라 12명이며, 투쟁과정에서 사망한 이지현 조합원 역시 복직자 명단에 올라야 하고, 또 부당해고자로 인정되면 지급될 사망보험금과 사측의 조의금 등이 전달돼야 한다는 주장이다. 또한 1999년 노동부로부터 노조필증을 받고 인정받은 정식 노조가 특수고용노동자에 대한 대법원 판결 이후 사측과 네 번이나 단협을 갱신한 바 있고, 해고 이전의 단협을 회사가 일방적으로 파기했기 때문에 이를 원상회복해야 한다고 주장하고 있다.

한편 지난 11월 1일, 서울행정법원은 재능교육 사측과 학습지 교사들의 사용종속관계가 인정된다며, 교사들을 노조법상 근로자에 해당한다고 판결했다. 아울러 법원은 노조 활동을 이유로 위탁계약을 해지한 재능교육의 부당노동행위를 인정했다. 이에 대해 노조에서는 서울행정법원이 학습지 교사의 노동자성과 학습지 노동조합을 인정한 것이며, 이는 특수고용직노동자들의 노동권 쟁취의 시작일 뿐이라는 입장을 밝혔다. 또한 이번 판결을 계기로 사업주에 종속돼 노동의 대가로 생활하는 특수고용노동자들 모두에게 노동기본권을 보장할 것을 강력히 촉구하며 투쟁을 이어갈 것임을 다짐하고 있다.

쌍용자동차

2009년, 쌍용자동차는 2,646명의 노동자를 대상으로 정리해고를 발표한다. 뉴스에서 '긴박한 경영상의 문제'라고 정리해고의 이유를 보도했기에 대부분의 사람들은 당연한 일로 받아들였다. 하지만 회사가 겪고 있다는 경영상의 어려움은, 실은 회계조작을 통한 거짓말이었다. 2004년 쌍용자동차를 헐값에 인수한 '상하이자동차'라는 중국 회사가 핵심 인력과 관련 기술을 빼돌린 뒤에 '먹튀', 즉 자국으로 도피하기 위해 고의부도를 낸 것이었다. 당시 상하이차는 쌍용자동차에 1조 원 이상을 투자하기로 했던 약속도 지키지 않았고, 중국은행에서 2,000억 원 대출이 가능했으나 이를 숨기고 중국으로 철수하는 명분을 얻기 위해서 한국의 회계법인 회사들을 통해 쌍용자동차의 자산 가치를 대폭 깎아내린 보고서를 발표한다. 회사의 유형자산이 줄어들자, 상대적으로 부채 비율이 늘어났고 이는 쌍용차가 부실기업으로 낙인찍히는 데 결정적 역할을 했다. 이후, 한국감정원이 재평가한 쌍용자동차의 유형자산은 두 배 이상 높아 회사가 안정적인 상태로 드러났지만 회계법인 회사들은 이를 무시해버린다.

정리해고가 발표되자, 노동자들은 해고의 부당함을 말하기 시작했다. 이를 알리기 위해 공장 안에서 파업도 시작했다. 옥쇄파업은 무더위 속에서 77일간이나 계속되었고, 정부는 '법치주의 확립'을 내세우며 강경진압의 뜻을 드러냈다. 파업이 해고노동자들에게 남긴 것은 상처뿐이었다. 정부는 공권력을 투입했고, 경찰은 연일 헬기를 띄우고 최루액을 뿌려댔다. 파업 중인 노동자들에게 필요한 최소한의 물과 음식의 공급도 막았다. 보수언론은 연일 부당해고를 말하는 노동자들을 '빨갱이'로 몰아붙였고, 궁지에 몰아넣은 뒤 무장한 경찰대원들을 투입하여 진압해버렸다. 훗날 그 위험성 때문에 국제사면위원회가 사용금지를 권고한 대테러진압 무기인 테이저건까지 등장한 이 무력진압을 경찰은 '진압 우수사례'라며 자랑스러운 업적으로 꼽았다. 무장이 해제된 파업노동자들을 여러 명의 무장경찰이 옥상에서 짓밟고 곤봉과 방패로 때리던 영상을 어느 책에서는 '인간사냥'이라는 단어로 묘사하기도 한다.

파업이 진압된 후, 경찰은 관련된 사람들을 수십 명 구속·연행하고, 손배소와 가압류 등 경제적인 고통까지 가한다. 설상가상으로 해고 노동자들은 보수언론들에 의해 '회사를 망가뜨린 귀족노조'로 낙인찍혔기에 취직에도 어려움을 겪어야만 했다. 물리적 폭력이 지나간 뒤에 심리적 압박이 뒤따랐다. 파업이 끝난 후, 해고노동자들은 전쟁을 겪은 사람에게나 찾아올 정신적 트라우마를 겪었고, 거기다 사회로부터 격리되다시피 한 대우와 경제적 어려움마저 더해지자 서서히 죽어갔다. 23명의 해고노동자와 가족들이 자살과 돌연사로 목숨을 잃었고, 이는 현재까지도 진행되고 있다.

2012년 9월 쌍용차 청문회를 통해 회사 측의 회계조작 및 기획부도 의혹과 무자비한 국가폭력 등의 진실이 수면 위로 떠올랐다. 그러나 실질적인 해결방안은 나오지 않고 있다. 지난 11월 19일 대한문 앞에서 쌍용차 사태해결을 촉구하며 단식 농성을 하던 김정우 금속노조 쌍용차 지부장이 건강악화로 41일 만에 병원으로 옮겨졌으며, 11월 20일 새벽 한상균 전 지부장, 문기주 정비 지회장, 복기성 비정규직 수석 부지회장 등 세 명이 평택공장 정문에서 300여 미터 떨어진 송전탑 위에서 고공농성을 시작했다. 이들은 9월 열린 청문회에서 쌍용차 사태가 기획부도, 회계조작으로 인한 문제라고 밝혀졌는데도 국정조사를 하지 않고 있다며 국정조사 실시와 해고자 복직 등 해결방안을 마련할 것을 요구하고 있다.

두 겹의 외로움을 견디며,
새벽을 기다린다

십 년이 채 지나지 않았는데도, 아주 오래된 과거 같은 사진 한 장을 들여다본다. 동굴 속처럼 희미한 불빛이 비치는 천막 안에 비쩍 마른 두 여성이 웅크리고 앉아 있다. 김소연과 유흥희. 천막 안에서 60일간 단식을 하며 버티고 있는 기륭전자 분회 여성 노동자 두 사람이다.

"먼 지역에서 달려온 남성 노동자들 사이에서 기륭전자 여성 노동자들의 상기된 얼굴이 뜨거운 태양 아래 반짝였다. 그들은 잠깐이나마 노동자 사이의 연대감으로 뿌듯했을까?"

2007년의 무더운 여름날, 당시 한겨레신문 기획위원 홍세화가 기륭전자 투쟁 현장을 방문하고 쓴 '세상 속으로' 기사는 그렇게 시작된다. 물음표로 시작하는 이 글은 단지 '객관적 사실'만을 전달하는 기사와 달랐다. 질문은 '사실'로 둘러싸인 표피 이면을 겨냥하는 것이었고, 거기에 숨겨져 있던 또 하나의 사실과 만날 것을 우리들에게 요구하고 있다.

1996년 이른바 정리해고법이 국회에서 통과된 후 연말 총파업을 벌였지만, 다음 해 노·사·정 합의로 정리해고를 인정해준 것은 민주노총 지도부였다. 1998년 김대중 정권 출범 이후 그해 8월 24일 울산 현대자동차노조 지도부는 정부의 중재안을 받아들여 277명을 해고하는 데 합의해 준다. 그 277명 안에는 식당에서 일하던 아줌마들 144명이 포함되어 있었다. 단 한 명의 정리해고도 받아들일 수 없다며 벌였던 36일간의 파업 드라마는 "신노사 관계라는 옥동자를 탄생"시키며 끝났다.

'포섭과 배제'의 정치는 그렇게 시작된 것이다. 2006년 11월 참여정부에서 비정규직법이 여야 합의로 통과되었다. 그 법에 맞서 노동계 출신 의원들이 제대로 싸워냈는지, 잘 기억이 나지 않는다. 우리가 아는 것은 그 법들이 파견직 비정규직 노동의 약자들에게 칼날이 되어 날아왔다는 사실이다. 그 법들이 기륭을 만들고, KTX를 만들고, 이랜드를 만들고, 코스콤을 만들었다. 2012년 현재도 코오롱정투위, 쌍용차지부, 콜트콜텍지회, 대우자판지회, K2지회, 재능교육지부, 기아자동차해복투, 국민체육공단비정규직지부, 국립오페라합창단지부, 베링거인겔하임지부, 한국쓰리엠지회, 골든브릿지투자증권지부, 유성기업지회, KEC지회, JW지회, 영남대의료원지부, 현대자동차비정규지회, 그리고 또 다른 현장에서 불안정노동자들과 해고노동자들이 삶과 죽음의 경계를 넘나들며 힘겹게 싸우고 있다.

1997년 파국 이후의, 한국 노동운동사는 다시 쓰여야 한다. '그들은 잠깐이나마 노동자 사이의 연대감으로 뿌듯했을까?' 이 질문이 찔러대는 아픔을, 심지어는 배제된 노동에게 힘이 되었던 '연대'의 실체까지도 우리는 정직하게 응시해야 한다. 동희오토의 경우처럼 하청업체 비정규직 노동자 시위를 가로막고 선 대칭점에는 모습을 감춘 자본이 아니라 정규직 노동자들이었던 사례는 이미 익숙한 풍경이다. '포섭된 자'들과 '배제된 자'들 사이에 놓인 거리, 그 거리 위에 얼룩진 외면과 배신과 적대의 서사까지 응시할 수 있을 때, 그리하여 실제로는 이 험겨운 전투들이 당신과 나, 우리 모두의 전쟁이라는 인식으로 나아갈 수 있을 때 '잠깐의 연대'를 넘어 자본에 대한 반격이 시작될 수 있을 것이다.

오늘도 누군가 송전탑을 오르고 있다. 배제된 노동은 두 번 버림받은 노동이다. 한 번은 자본에 의해, 또 한 번은 포섭된 노동조직에 의해. 카메라 대수가 늘어나고 유명인들이라도 찾아야 움직이는 진보정치, 노동정치는 이제 끝나야 한다. 그것은 두 겹의 외로움을 견디며 싸우는 사람들이 기다리는 새벽을 가져올 수 없으므로.

없는 세상!

노동자대통령

소 연

　2012년 11월 20일, 충정로의 '노동자대통령 김소연 후보 선거투쟁
본부' 사무실에 반가운 얼굴들이 모였다. 기륭전자분회 유흥희 분회
장, 학습지노조 재능교육지부 유명자 지부장, 쌍차지부 고동민 조합
원, 동희오토 사내하청지회 심인호 조합원, 이선옥 르포작가, 희망
버스 구속자로 더 많이 알려진 정진우 선거투쟁본부 상황실장, 그리
고 현장연대의 상징으로 불리는 루시아.

　길 위에서 투쟁하고 있거나, 12시간 맞교대 노동에 시달리거나, 반
차를 내고 달려온 이들 일곱은 긴 시간 동안 싸움의 현장에서 만났
었고, 여전히 만나고 있다. 이른 겨울을 몰고 온 스산한 바람이 또
한차례의 혹한을 예고하고 있지만, 거리가 곧 만남의 장소였던 이들
은 대선투쟁이라는 새로운 도전을 정면으로 맞이하겠다는 마음들이
었다. 이 일곱의 대담자들은 각각의 치열한 투쟁 경험과 사회적 연대
를 만들어 낸 주체들로서, 에둘러 가지 않고 곧장 2012년 대선에 대
한 자신들의 생각을 이야기하기 시작했다. 때로 격해지거나 울컥하
는 마음을 누르며. 이것은 그 기록이다.

사진© 점좀빼

왜
우리인가

정진우 다들 바쁘셔서 이렇게 모이기도 쉽지 않은데 자리를 만들게 되었습니다. 이 자리에 오시면서 각자가 느끼는 고민의 지점 같은 것들에 대해 먼저 이야기 나눠보도록 하지요.

저는 김소연 후보 선거투쟁본부에서 상황실장을 맡고 있습니다. 투쟁하는 노동자들이 직접 주체가 되어 김소연 후보와 함께 우리 자신의 목소리를 의미 있게 만들어내야 하는데 아직은 턱없이 부족합니다. 함께 대화하는 과정에서 그 방안이 찾아질 수 있다면 무척 소중한 자리가 되겠지요. 제일 멀리서 오신 심인호 조합원께서 먼저 말씀해 주셨으면 합니다.

심인호 복직하고 나서는 일에 매어 다른 생각을 할 엄두도 못 내고 있었지만, 그럼에도 불구하고 이번 대선투쟁의 의미는 크다고 생각하고 있었습니다. 야간조라 잠을 좀 못 잤는데, 같이 할 수 있는 부분은 당연히 같이 해야 한다는 생각에 멀리서 이렇게 왔습니다. 회사에서 쫓겨나

투쟁할 때는 몰랐는데, 지금은 12시간 맞교대로 노동시간이 길다 보니 묶여있는 시간이 많습니다. 저희들이 싸울 때 많은 분들이 도와주셨는데, 많이 미안하다는 말씀을 먼저 드립니다.

고동민 저는 우선 이번 대선을 앞두고서, 가장 먼저 '정권교체' 프레임을 어떻게 깰까 하는 것에 대해 고민을 하고 있습니다. 99퍼센트의 삶이 나아지는 것이 아닌데 소위 야권 일반에선 끊임없이 새누리당이 들어서지 말아야 한다는 논리로 사람들의 생각을 몰아가고 있어요. 지지율이 얼마 되지 않은 유시민 씨조차 우리 후보에게 "민주노총에서 나온 후보도 아닌데 신경 쓸 것 없다"고 하지 않았습니까? 투쟁하는 당사자들의 목소리를 아무렇지도 않게 겁박하려 하는 제도권 정치의 표본이지요.

진보가 과연 무엇인가 하는 문제에 대해서도 마찬가지입니다. 진보정치나 노동정치를 대표한다 자임하면서 늘 노동문제를 이야기하고 노동자들과 함께한다고 하지만 결정적인 순간에 노동자들의 싸움에 찬물을 끼얹은 예가 한두 번이 아니지요. 이번 노동자대통령 선본은 이 두 가지를 깨야 합니다. 노동자들이 실제 요구하고 있는 것, 진정으로 삶의 질이 나아지는 방향이 무엇인지에 대해 직접, 제대로 보여주는 것이 이후 싸움들을 지속해갈 토대가 될 것이라는 생각에 선본에 참여하고 있습니다.

발자국을 포개다

정진우 김소연 후보와 함께 긴 시간 투쟁해온 유흥희 분회장께서 참석하셨는데요. 그간 많은 고민이 이어졌을 것 같습니다. 조합원들이 함께 나눴던 고민들을 소개해 주셨으면 합니다.

유흥희 물론, 처음에는 반대를 많이 했지요. 개인적으로는 무엇보다 후보가 감당해야 할 가시밭길에 대한 고민이 많았습니다. 20년 지기 친구가 결심했을 때, 진짜 말리고 싶었어요. 인간적으로 김소연에 대해서, 선거라는 게, 특히 대선에 한번 나가면 그동안 이어온 삶이 변화되고, 본인의지와 상관없이 규정되는 삶이 되지 않겠냐는 의미에서, 다른 조합원들도 그런 점에서 너무 급한 것 아니냐는 걱정들이 있었습니다. 하지만 지금과 같은 현실에서 민주노총은 아무런 정치 방침이 없고, 조합원들의 혼란을 어디에서부터 극복할지 답이 없습니다.

그래서 현장에서 활동하는 사람들로부터, 이런 것을 제대로 세워보자고 했던 우리로부터 시작해야 하는 것 아닌지, 우리조차 나 몰라라 할 수 없는 것 아닌가 하는 생각들이 또 한편에 있었던 거죠.

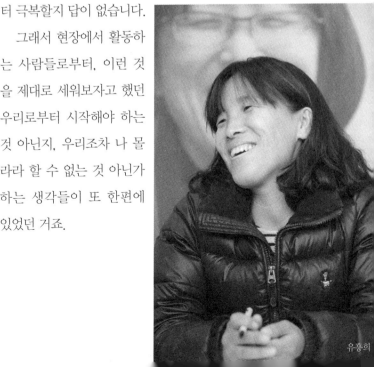

유흥희

처음엔 많이 말렸지만, 결국 동의했어요.

물론 여전히 "우리가 할 수 있을까?", "국회의원도 안 나가봤는데 바로 대통령이라니?" 상이 그려지지 않고 꿈꾸는 것에 대한 두려움이 있습니다. 소박하게 평범하게 살고 싶은 사람들에게는 특히 그렇죠. 저 스스로 반성한 것은, 노동자는 대통령 하면 안 된다 까지는 아니지만, 뭔가 단계를 밟아야 할 것 같은 강박이 있어요. 우리 안의 관문주의가 있다는 반성을 했습니다. 이런 반응들도 있을 거예요. "뭘로 나온대? 기륭투쟁밖에 안 했는데?" 하지만 저는 그렇게 생각해요. 우리 스스로 안 하고 피하고 싶어 핑계 찾는 것은 아닐까요? "왜, 노동자는 대통령 되면 안 돼?" 라는 어느 조합원의 말 한마디에 뒤통수 맞은 것 같은 깨달음이 있었습니다.

정진우　심인호 조합원에게 묻고 싶은 게 있어요. 100퍼센트 비정규직 공장에 다니며 야간노동에 시달리는 노동자의 처지이신데요, 함께 일하고 있는 동료들이 대선을 어떻게 생각하고 있는지, 현장 노동자들의 목소리를 전해 주셨으면 합니다.

심인호　복직하고 나서 보니, 회사에서 대비를 많이 해놓았더군요. 복직하고 1년 8개월 다니고 있는데 처음 6개월은 많이 힘들었어요. 고립감이랄까, 회사의 힘은 압도적인데 온몸으로 혼자 버텨야 하니까요. 지금은 회사에서 관리하고 주위의 감시가 심해도, 아무래도 12시간을 같이 일하기 때문에 주위 동료들과 조금씩 이야기할 여지가 생기기는 하지만요.

현장을 조직해 보겠다는 의지를 다지고 있지만, 당장 현장에서 희망을 찾기란 쉽지 않습니다. 현장에서 말 한마디 제대로 못 나누는 상황에서 저는 노동자대통령 선거투쟁이 우리의 목소리를 전하는 계기가 되었으면 좋겠어요. 주위에서는 제가 민주당 지지자인 줄 알아요. 부끄럽지요. 이번 계기를 통해 내가 지향하는 정치적 내용이 뭔지 말하는 계기가 되면 좋겠습니다.

정진우 유명자 지부장님은 후보군에 포함되어 있었지만, 피선거권이 없어 대통령 후보가 될 기회를 법에 의해 박탈당한 셈인데, 그래서 더 감회나 의지가 남다를 것 같습니다.

유명자 사실 많이 미안해요. 처음에는 후보군이라는 말이 나오기만 했고, 이야기가 구체화되면서 누군가 한 사람이 후보로 나서면, 그 후보가 앞에 서긴 하지만 모두가 역할을 해야 한다고 생각했습니다. 하지만 우리가 실력이 되는가, 대선 후에 김소연이라는 인간 하나만 상처받고 끝나는 거 아닌가라는 우려도 없지 않아요. 스스로 나서서 역할을 찾고 있는 기륭조합원들을 볼 때마다 제 역할이 미약해 너무 미안합니다.

처음에는 싸움이 현재 진행 중인 쌍용차지부에서 후보를 책임져야 한다고 생각했지요. 6년을 싸우면서 극한의 투쟁을 해낸 김소연이 또 그 짐을 지어야 한다는 것이 많이 안타깝습니다. 만약 변혁모임(변혁적 현장실천과 노동자계급정당 건설을 위한 활동가모임)이 없었다면, 저는 대선투쟁 그 자체를 반대했을 겁니다. 그것은 반드시 노동자계급정당을 만드는 토대가 되는 선거투쟁이 되어야 한다는 의미입니다.

유흥희 기륭도 6년을 싸웠지만, 아직 수많은 비정규문제들이 해결되지 않은 채 악화일로를 걷고 있습니다. 뿐만 아니라, 정리해고 문제로 몇 년씩 싸우고 있는 동지들도 있지요. 정리해고 비정규직 문제가 사회적으로 엄청난 파급력을 가지면서 심지어 새누리당까지도 공약으로 걸고 있지만 실제로는 어느 정당도 이를 제대로 해결할 의지는 없는 현실에서 우리의 목소리가 필요합니다. 투쟁하는 노동자대통령 후보는 그런 의미에서 절실한 거지요. 우리의 출발이 초라하고 실력도 미약하지만, 우리가 가장 아픈 곳에 있었기 때문에, 가장 필요한 숙제로부터 출발했기 때문에 의미가 있는 것이고 자부심을 가져도 된다고 생각합니다. 저는 스스로 '나는 해도 돼. 잘난 척 좀 하고 살아야지'하고 생각하려고 의식적으로 노력하는데, 부디 투쟁사업장

　　　　　　　　　　　　　　발자국을 포개다

동지들이 선본에 많이 결합했으면 좋겠어요.

정진우 이선옥 작가께서는 어떻게 보시는지요?

이선옥 사람들에게 김소연을 어떻게 설득할 것인가, 고민하고 있습니다. 너무 어려워요. 김소연 후보는 여성, 비정규직, 구로공단 소규모사업장 노동자라는 존재 그 자체가 '약자 오브 더 약자'라고 봅니다. 과거 선거를 보면 진보후보들은 정당의 후보로 나서도 조롱받았는데, 당도 없고 민주노총의 지지도 없는데, 이번 선거가 새로운 흐름인가 아니면 궁여지책인가 갈림길이라고 봅니다.

　전 우선 제가 찍을 후보가 있다는 사실에 안도했습니다. 반MB나 단일화에 묻히는 선거판에서 무기력하지 않아도 되겠다는 것이 기쁜데, 많은 사람들을 설득해야 하는 문제라고 봅니다. 그동안의 진보후보들은 그럼 노동자 후보가 아니었나? 심상정, 이정희는 왜 아닌가?에 대한 답이 있어야 한다고 봅니다.

루시아 요즘 회사 일이 너무 바빠 현장에도 못 가보고 있어요. 노동자대통령이라는 얘기를 처음 들었을 때 '올 것이 왔구나' 생각했습니다. 스스로 노동자이고, 노동자가 안고 살아가는 불안을 겪어보면 절절한 심정을 느낄 수 있지 않을까 생각해요. 솔직히 저도 '나는 비껴가겠지' 생각하면서 회사 다니고 있거든요. 저처럼 작은 규모의 회사에 다니는 사람은 스스로가 달라지고 싶고 바꾸고 싶어도, 그러면 즉시 해고잖아요. 그러한 나날의 갈등과 불안의 의미를 이야기해줄 수 있는 사람이었으면 좋겠다고 생각해요.

루시아

투쟁하는 노동자대통령 후보가 나서서 자본의 패러다임과 논리를 노동자의 입장에서 조목조목 비판해 줬으면 좋겠습니다. 작은 회사에서 일하는 저 같은 존재를 위해 뭔가 하고 있구나라고 생각할 수 있게 하는, 모든 사람이 투쟁하고 모든 걸 던지지 않더라도 뭔가 할 수 있는 게 있다고 느끼게 하는 것이 중요하다고 생각합니다.

정진우 '투쟁하는 노동자대통령'은 참 말로 설명하기 어렵습니다. 특별한 실체가 없고 이제 시작인 거죠. 그럼에도 이 대선투쟁이 노동자를 대상화하는 선거가 아니어야 한다는 점에서 루시아 님 같은 목소리가 나올 수 있다면 그것이 중요한 출발이 될 거라 생각합니다.

이선옥 김소연 후보가 갖는 차별성은 2000년대를 대표하는 장기투쟁사업장 동지들이 지지하고 있다는 점이라고 봅니다. 그것을 전제로 우리들 안과 밖을 구분하지 않고 구체적으로 한번 짚어봤으면 하는 게 있습니다. 오늘 이 자리는 그간의 진보정당운동이나 민주노조 운동, 노동자정치세력화운동이 실패했음이 전제라고 생각하기 때문에 쌍차의 고동민 동지에게 질문을 먼저 던져 보고 싶어요.

쌍차 투쟁은 그 어느 곳보다 명망가들이나 유명인들이 많은 지원을 하는 곳입니다. 최근 김정우 지부장이 박근혜 후보의 전태일 동상 헌화를 막았었지요. 단순한 접근이긴 하지만 박근혜는 막았는데, 문재인은 왜 막지 않았는가라는 질문을 우선 드립니다. 쌍차에 연대했던 많은 분들이 문재인이나 안철수의 선거운동을 하고 있는 현실이 있으니까요. 그리고 두 번째로, 이런 연대세력의 도움과는 별개로 그러면 왜 노동자대통령 후보를 지지하는가 질문하고 싶습니다.

고동민 박근혜의 경우, 전날 전태일 재단에서 먼저 연락이 왔어요. 쌍차 지부에서 같이 막자는 제안을 받았던 거죠. 그렇게 해서 재단방문이 무산된 뒤 전태일 동상에 헌화하려던 박근혜를 막았던 것입니다. 박근혜에게 쌍차 분향소에 오지 말라고 한 적은 없습니다. 그러나 유신독재 하에서의 노동탄압까지 그 같은 방식으로 화해시키려고 시도하는 건 다른 지점이 있지요.

문재인이 전태일 동상에 헌화한 것은 우리가 일정을 몰랐던 탓도 있는데 1,800일을 싸우는 재능, 2,000일을 싸우고 있는 콜트콜텍, 8년을 싸우고 있는 코오롱 등 살아있는 전태일을 만나지 않고 화해하고자 하는 것은 기만이라고 생각합니다.

민주당 정권의 지난 10년 동안 정리해고, 비정규직 문제, 노동기본권에 대한 후퇴가 분명 있었습니다. 특히 김대중 정권에서, 노동운동에 대해 귀족노조 등의 프레임을 걸어 이익집단화시켰지요. 그전까지만 하더라도 노동운동은 진보의 한 부류였어요. 저는 통진당, 진보정의당이 갈라진 것이 노동조합운동도 하나도 다를 바 없다고 봅니다. 노조위원장 선거를 하면 5~6명씩 나와요.

쌍차지부는 2009년 77일 파업 전에 조합원이 5,200명인데 현장조직이 49개였어요. 그 중 선전물이라도 내는 곳은 4~5개밖에 없었죠. 아무것도 하지 않는 동호회 같은 조직들이 현장조직이라는 이름을 가진 겁니다. 그전에는 싸울 때 되면 싸웠습니다. 조합원들이 정말 영민한 것이 지도부가 싸울 의지가 있는 것 같으면 같이 싸우지만, 그렇지 않으면 싸우지 않습니다. 이렇듯 내부역량의 약화로 인해 민주정부 10년간 노동운동을 분할하려 한 의도를 깨지 못하고 사분오열되었다고 봅니다.

저는 쌍차 문제를 어떻게 해결할 거냐는 질문 앞에서 늘 민주당과 선을 분명히 그어야 한다고 말합니다. 박지원이 쌍차에 와서 한 말이 있어요. 많은 분들이 돌아가시고 안타까운 일이긴 하지만, 우리의 한계는 분명하다고 말했거든요. 그때 김정우 지부장이 '가라. 오지 마라'고 말했어요. 그다음부터 어느 정도 바뀌더군요. 그렇게 태도가 명확해야 자유주의 정치세력도 바뀌겠지요. 아니면 표 못 얻으니까.

쌍차 문제만 하더라도 민주당 정권이 들어서도 해결하지 못한다고 봅니다. 쌍차는 특히 외국기업이고, 마힌드라가 계약 때 '다 협의한 내용인데 이제 와서 무슨 소리냐?' 한다면 할 말이 없는 거잖아요. 할 수 있는 건 부분적인 해고자 대책이나 정부지원금 등이 있을 뿐입니다.

우리가 4년 동안 이야기 해 왔던 진상규명과 원상회복 같은 수준은 절대 못 할 거라고 봐요. 그럼 누가 대안을 갖고 있냐고 할 때, 저는 투쟁하는 사람들이 대안에 가장 근접한다고 생각합니다.

고동민

정리해고 문제의 당사자들이 얘기하는 해결책이 그 문제의 해법이고, 비정규직 문제 당사자들이 얘기하는 해결책이 가장 근접한 해법인 것이지요. 우리가 바라는 세상은 싸워서 쟁취하는 것이라 생각합니다. 얼마 전 재능교사의 노동자성을 인정한 중노위 판결만 하더라도 5년 동안 싸우지 않으면 절대 있을 수 없는 일이었겠죠. 노동자들이 어려우니 도와주자는 시혜적 접근이 아니라 우리의 권리를 스스로 되찾을 수 있어야 한다고 생각합니다.

우리는
우리의 목소리로 노래부른다

이선옥 그 시혜적 접근을 가장 많이 받은 곳이 쌍차, 아닐 까요?

고동민 처음부터 유명한 사람들이 오진 않았었죠. 처음에 는 투쟁하는 노동자들이 만들었고, 공감하는 사람들이 많 아졌던 거고, 그 뒤에 유명인들이 온 것입니다. 알맹이 없 이 사회적 연대가 붙은 것이 아니라, 주체의 투쟁이 지속 되면서 사회적 연대가 많아진 것이라 봅니다. 『의자놀이』 이후에 나꼼수도 오고 더 많이 알려진 것이 사실입니다만, 사회적 연대의 흐름은 작년부터 있었지요. 그런 노력들이 축적되는 과정이 있었다고 봅니다.

저는 대한문은 만남의 장소여야 하고 저항의 거점이어 야 한다고 생각합니다. 쌍차가 독점하는 것이 아니라 정리 해고 비정규직 문제로 확장해야 한다고 지부 안에서도 그 렇게 주장합니다. 그런데 그게 쉽지는 않죠. 다른 투쟁사 업장들이 대한문으로 오는 게 쉽지 않은데, 쌍차에 대한 연대 폭이 넓어서 그런 면이 있는 것 같고.

유명인들이 쌍차 문제를 해결할 수 있는 거냐? 이건 좀 다른 문제라고 봅니다. 그 사람들은 자신들의 잣대로 바라볼 테니까요. 민주당에 대해서도 마찬가지인 거죠. 민주당에 우호적인 조합원들에게 저는 이렇게 얘기합니다. 지지후보를 선택할 거면 정확하게 하라고. 사진이나 찍으려는 사람들과 하면 안 된다고 말입니다. 우리는 선택을 해야 합니다. 그런데 어정쩡한 모습으로 가고 있는 거지요. 조합 안에서도 정치적으로 풀자는 의견도 있고, 대중투쟁으로 풀어야 한다는 의견도 있습니다. 서로가 서로에 대해 이해하는 측면이 있기 때문에 어정쩡해지는 면이 있는 것 같아요.

저는 문재인, 안철수, 이정희 후보까지 한 묶음으로 볼 수밖에 없다고 봅니다. 왜냐하면 '86 합의 사항'은 4년 전에 있었고 그때 다 같이 있었던 분들입니다. 그런데 그 후에 아무것도 변한 것이 없거든요. 그러면 김소연과 함께하면 뭐가 바뀌는가. 사실 아무것도 없습니다. 그런데, 정권교체라는 것에 대한 환상을 깨고 어떤 흐름을 만들 수 있는 불씨를 만들 수 있다면 가치 있는 일이라 생각해요.

이선옥 동희오토는 한국 최고의 자본가와 정규직 노조도 아닌 비정규직 노조에서 첨예하게 싸운 거잖아요. 한국을 대표하는 자본가와 싸웠었는데, 만약 정치권력이 교체되면 동희오토 현장에 어떤 변화가 있을까요?

발자국을 포개다

심인호 동희오토는 투쟁 당시에는 복직을 해야만 현장에서 다시 조직할 수 있었습니다. 처음 해고되었을 때, 공장 앞에서 그리고 서산에서 지역 차원으로 싸움을 진행하면서 이걸로는 꿈쩍하지 않는구나, 해고자 몇 명이 싸우는 방법은 한계가 있겠다고 생각했습니다.

자본에 압박을 주고, 사회적으로 여론화시킬 수 있는 방법을 찾아야겠다는 고민에서 양재동 현대기아차 본사 앞에서 농성을 시작하게 된 거죠. 100퍼센트 비정규직 공장이라는 상징성과 현대–기아차에 대한 직접적인 문제제기가 압박이 되겠다고 판단했습니다. 제가 복직하고 보니까, 현장을 조직하는 것이 무척 어렵습니다. 조선족이나 이주 노동자들이 많아졌을 뿐 아니라, 사회적 구조로 많이 고착화되었어요.

심인호

2005년에 회사에 들어갈 때만 해도 비정규직이 불합리하다고 생각했었는데, 지금 현장의 노동자들은 일반적인 거라고 생각하고 있습니다.

얼마 전 새누리당에서 사내하도급법을 발의했던 것도 그런 맥락에서 구조화, 제도화시키는 것이라 봅니다. 민주당 의원들의 경우에도 크게 다르지 않은 생각을 하고 있는 것 같아요. 동희오토 같이 제조업 생산공정 전체가 하청으로 일하는 말도 안 되는 구조를 일반화시키려는 입장을 자본뿐 아니라 새누리당이 견지하고 있고, 그나마 친노동 행보를 보이는 민주당의 일부 의원들도 실제 내용은 새누리당 의견에 근접해 있습니다. 공정분리가 되어 있는 구조 자체를 넘어서기 어려우니 그나마 제도화시키면 보호라도 받지 않겠느냐, 해고의 문제나 위장폐업으로 인한 집단해고로부터는 보호받을 수 있지 않겠냐는 입장인 거죠.

본질적인 면에서는 새누리당이나 민주당은 크게 다르지 않습니다. 민주당은 구조적으로 어쩔 수 없는 부분이라고 인정하고 나서 약간의 고용안정이나 임금이나 복지 수준에서 보호하겠다는 논리인데, 이건 파견법이 처음 만들어질 때와 크게 다르지 않은 모습입니다.

이선옥 하지만 보통의 노동자들은 이를 구분하기 어렵지 않을까요? 당선 가능성 없는 김소연 후보를 어떻게 설명하시겠어요?

심인호 사실은 현장에서 일하시는 분들을 보면, 민주당이 집권해서 자유로운 계약해지나 위장폐업으로 하루아침에 해고하거나 하지 않도록 하고, 원청과의 관계에서 임금이나 복지 수준이 나아지는 것에 대해서 좋아하시겠지요. 구조가 불가피하다고 생각하기 때문이죠. 제가 노조를 만들었던 이유는 비정규직은 안 된다는 문제의식에서부터 출발했고, 그 구도를 깨지 않으면 이런 위장된 노예와 같은 삶이 지속될 수밖에 없으니 그러한 구조가 보편화되는 것을 막자는 것이었습니다. 현대차의 경우에도 공정을 분리해서 사내하청을 합법화시키려는 움직임이 있지 않습니까? 힘이 강하지 못해 타협할 때도 많지요. 열심히 싸우다 힘이 없어 타협할 수도 있겠지만, 근본적인 것을 버릴 수는 없습니다. 새누리당이나 민주당이나 비정규직 문제에 있어 근본적으로 다르지 않다고 보기 때문에 그래서 투쟁하는 노동자 후보, 같은 비정규직인 김소연 후보와 같이할 수밖에 없다고 생각합니다.

이선옥 비정규직법을 만들었던 정치인이나 당사자가 나중에 문제가 터진 투쟁사업장에 열심히 오는 것을 보고 어떻게 해야 하는가? 이걸 짚고 넘어가지 않은 상태에서 끌려가는 듯한 불편함에 대해 얘기해보고 싶어요. 지금의 고통을 만든 사람들이 현재의 행보로 면죄부를 받고 있고, 또 우리는 노동자의 이름으로 면죄부를 주는 거 아닌가? 하는 거죠.

유명자　우리가 그들을 활용한다고 생각하지만, 활용당하고 있음을 알아야 합니다. 그러지 않기 위해 이번 대선에서 우리의 후보를 만들어 싸우는 노동자들, 정리해고나 비정규직 관련 악법에 의해 거리에서 싸우는 노동자들이 스스로의 이야기들을 해야 하는 거죠. 투쟁하는 현장에 국회의원들이 와서 진정성을 보여주기 위해서 전제되어야 할 것은 "그 법안 만들 당시에는 보호하는 법인 줄 알았는데 아니었다"고 반성하고, 최소한 비정규직 차별 철폐라도 이뤄내겠다는 약속을 받아내야 한다고 봅니다.

정진우　쌍용차 범대위 경험을 말씀드리고 싶습니다. 지금 국정조사 요구를 같이 하고 있잖아요, 민주당 의원들과 심지어 새누리당 의원 한두 명까지도. 이를테면 범민주세력이라 칭하는 쪽에선 국정조사에 다 동의하는데 이는 쌍차 동지들과 범대위를 만들어 대한문을 사수했던 개인과 단체들이 국정조사를 밀고 나갔기 때문이라고 봐요. 4대 요구라는 내용도 애초에는 정치권의 요구가 아니었는데 그들도 받아들일 수밖에 없게 된 겁니다.

　지금까지 지적했던 문제점들은 투쟁사업장 노동자들은 물론이고 민주노총 조합원들도 가지고 있다고 생각하는데, 그것을 실제 투쟁하는 과정에서 어느 수준까지 돌파한 경우도 있고, 지도부조차도 그 문제에서 허우적거린 경우도 있는 거죠. 쌍차투쟁이 극복한 것이 있다면 범대위나

시민사회 세력 등이 국정조사 국면에서 민주당 등에 휘둘리지 않고 중심을 잡고 있었다는 겁니다.

　조합원들은 당연하게도 당장의 작은 해결이라도 요구합니다. 그걸 부정할 필요는 없다고 봐요. 그런데 여기에 참여하는 사회연대 세력의 요구는 쌍차 문제를 매개로 우리 사회의 정리해고의 문제가 어떻게든 한 걸음 더 나아가게 하려는 것이고요. 그런데 정치권은 여기서 거꾸로 되어 있는 거죠. 정리해고의 문제를 해결하자는 흐름에 가담은 하지만 이들에게는 정치적 욕망이 있는 거고, 자신들이 속해 있는 당의 입장에서 바라보는 것이죠.

정진우

결국 힘과 힘이 부딪치는 상황인데, 똑같은 크기의 힘이라기보다 우리는 모래알 같은 상황입니다. 다양한 성향의 사람들이 모여 있는데 그 안에서 헤게모니가 민주당 중심의 타협주의로 넘어가지 않도록 해야 하는 것입니다. 지도부의 역할도 있을 테지만, 범대위를 구성하고 있는 세력과 개인의 힘들이 결집되어야 합니다.

　만약에 쌍차 범대위와 같은 사회연대 운동에서 우리가 주도권을 갖지 못했으면, 제시한 요구가 훼손되지 않고 살아남지 못했으면, 지금 대선투쟁도, 투쟁하는 노동자라는 것도 허상일 수밖에 없다고 봅니다. 현재의 사회적 투쟁이 실제 힘을 잃지 않고 지금의 현실을 넘어서려는 세력과 개인이 존재하기 때문에 이번 대선투쟁이 가능하게 된 것이고, 거기에 쌍차 동지들이 기여하게 된 것이라 생각합니다.

　재능투쟁이 치고받고 하는 과정을 거쳤기에 특수고용문제가 여기까지 오고, 동희오토와 기륭이 절반의 승리라도 경험한 것이 현재의 선거투쟁의 힘을 축적할 수 있는 기반이 된 것입니다. 김소연은 또 하나의 진보 후보, 노동자 출신 후보가 아닙니다. 정화여상 나온 구로공단 노동자 출신이라서 노동자대통령 후보가 된 것이 아닙니다. 우리들이 사회적 투쟁으로 함께 만들어 낸 후보이기 때문에 해볼 만하고, 해야 하는 싸움이라고 보는 거죠.

　저는 쌍차투쟁이 선거투쟁에서 어떤 역할을 해야 할 것인가 고민해 봐야 한다고 생각합니다. 단지 새누리당과 민주당을 반대하는 것이 아니라, 4대 요구 등 지금까지의 정리해고 관련 요구를 사회적으로 확장하는 투쟁의 계획과 노동자대통령 선거투쟁을 연관시킬 수 있어야 한다는 겁니다. 이는 선거투쟁본부에서도 만들어야겠지만, 쌍차의 요구를 실현하기 위해 누구를 뽑을까 선택지를 찾는 문제

가 아니라 쌍차투쟁을 어떻게 전진시킬 것인가 심각하게
토론해야 한다고 봅니다. 그래서 쌍차 조합원들이 선거본
부에서 선거운동원으로 활동할 필요 없이 쌍차 투쟁 그 자
체가 노동자대통령 선거운동이 될 수 있다는 걸 쌍차 동지
들 스스로 보여줬으면 합니다.

심인호　제가 만일 노동조합을 안 했다면 민주당 의원들의
제시하는 내용들이 제게 훨씬 이득이 될 것이니 지지할 수
도 있었을 것 같아요. 하지만 살면서 불합리함을 느끼고
투쟁하는 과정에서 비정규직의 문제를 깨달은 게 있기 때
문에 새누리당의 입법안과 민주당의 안이 별반 다르지 않
다고 보게 된 것입니다. 소규모 사업장에서 고립되어 싸울
수밖에 없는 조건들, 민주노총이 엄호해주지 못하는 상황
들이 많습니다. 투쟁하는 동지들이 민주당의 우호적 의원
들, 물론 마음은 고맙지만 그들의 근본적인 한계를 모르지
않지요. 주체들이 중심을 잘 잡으면 됩니다.

　　그런 점에서 노동자대통령 후보를 세워 선거투쟁을 하
지 않으면 새누리당과 민주당 양당구도에 갇혀서 우리 목
소리를 낼 수 있는 기회를 원천적으로 차단당하게 될 거
라는 두려움이 있는 겁니다. 그동안 중재라는 이름으로
핵심적인 내용들이 왜곡되는 경우가 많았는데, 우리의 힘
이 아직 이를 넘어설 만큼 못 되기 때문에 문제인 겁니다.
그런 힘을 키우기 위해서라도 이번 선거투쟁을 잘해야 한

다고 봐요.

정진우　어떤 요구를 걸고 선거투쟁에 임하느냐의 문제가 남아 있습니다. 예컨대 최근 강정에서 출발한 생명평화대행진을 같이 했던 수많은 싸우는 사람들이 있어요. 우리 선본에 참여하느냐를 떠나서 수많은 투쟁의 과정에서 우리 사회의 요구와 기준을 만들어야 합니다. 이번 선거투쟁을 하는 첫 번째 정당성은, 우리가 아니면 우리 사회에서 투쟁의 요구들이 당시 투쟁의 경험이나 당사자들의 성공과 실패 사례로 파편화될 수밖에 없기 때문이라고 봅니다. 김소연의 목소리와 선거투쟁에서의 우리의 목소리는 한국 사회에 존재하는 다양한 고통 받는 민중의 요구와 목소리, 투쟁의 성과를 집약해서 처음으로 그 목소리 전체를 전할 수 있는 상황을 만들어야 합니다.

쌍차 같이 큰 규모의 투쟁도 4대 요구나 정리해고 문제에 대한 근본적인 것들이 사회적인 파장을 일으키고 있지는 못하고 있는 게 사실입니다. 대한문이라는 상황, 절체절명의 죽음이라는 상황들이 큰 힘이 되었지, 정리해고라는 근본적인 사회적 문제가 쟁점이 되고 있지는 못하고 있어요. 대선투쟁은 그런 목소리를 가감 없이 드러내면서 집약시킬 수 있어야 한다는 겁니다. 김소연 선본의 4대 과제는 아름다운 언어로 구성되어 있어도 실제로는 피와 땀이 담겨 있는 것들입니다. 그 말 하나하나를 실제의 투쟁으로 만들어야 합니다. 예를 들면 장애인 동지들과 함께 한국 사회의 장애인 문제를 드러내는 투쟁을 만들어내지 못할 거면 사실 선거투쟁을 할 필요가 없는 거죠.

유명자 사회적 연대라는 이름으로 정치적 스펙트럼이 넓어진 상황에서 누가 찾아오는 것을 어떻게 하느냐 그 자체로 옳고 그름을 이야기할 수는 없을 것 같습니다. 저는 아무것도 모르는 상태에서 학습지 교사가 되었고 파업을 하고 노조를 만들면서 많은 것을 알아갔어요. 그때 들었던 많은 이야기들 중 지금껏 잊지 않고 있는 것은 노동조합은 타협하지 않고 싸워서 쟁취해야 한다는 것입니다. 우리는 2002년과 2003년, 2004년을 거치면서 엄청나게 치열하게 싸웠어요. 노무현, 문재인. 그들의 이야기를 믿을 수 없는 것은 그때 노동조합과 내가 어떻게 당했는지 처절하게 기억하고 있기 때문입니다. 누구보다 소중한 동료를 죽음으로 떠나보냈고, 노조 한다고 이혼당하는 동료, 우울증에 걸린 아내가 11층 아파트 복도 베란다에 나와 서 있는 걸 그냥 둘 수 없어서 현장에 나와 보지도 못했던 파업 당시 위원장이 있었습니다. 그렇게 내가 보고 느낀 것 때문에 지금도 그들이 투쟁현장에 오는 것을 못 보겠어요. 그렇지만 투쟁현장의 동지들이 민주당에 대해 기대를 하거나 국회의원이나 유명인을 반기는 것을 옳다 그르다 말할 수 없다고 생각합니다. 그냥 뚫고 가는 수밖에요.

유명자

얼마 전에 전순옥 의원 쪽에서 연락이 왔어요. 전 의원은 문재인 후보 여성노동 담당이고 간담회를 하고 싶다고 하더라고요. 김소연 후보와 먼저 상의했는데, 김소연 후보 첫 마디는 "오라 그래!"였습니다. 환구단 공원에서 천막도 못 치고 노숙으로 농성 시작할 때 정동영 의원이 왔었어요.

간담회를 3시간 넘게 진행했는데, 그때 약속한 것이 딱 하나였어요. 국정감사에 박성훈 사장 나오게 하겠다는 거였어요. 국정감사장에 박성훈 사장이 나오게 한다고 재능 문제가 해결된다고 생각한 사람은 아무도 없었습니다. 재능교육을 압박할 수는 있겠구나 했죠. 정치인들은 투쟁현장에 왜 올까요?

그 사람들은 우리가 표가 될 거라 생각하지 않을 겁니다. 자기를 지지하는 사람들에게 보여주기 위하여 그림으로 활용하고 있다는 것을 잘 알고 있어요. 얼마 전 최종안 나올 때 사측에서 정치권 접촉을 굉장히 많이 했었어요. 2년 연속 국정감사에 사장이 서게 할 수는 없었던 거죠. 원래는 여름 휴가철 전에 최종안이 나올 것이라 예측했었는

발자국을 포개다

데 휴가 넘기면서 마련한 '8·29 최종안'은 노조에 먼저 알린 것이 아니라, 환경노동위 소속 새누리당 의원들이나 민주당 의원들을 먼저 만났어요. 우리는 지금도 겪고 있습니다. 민주당 의원들이 우리에게 어떻게 하는지. 정동영 의원이든 누구든 개별 의원들이 노동문제에 관해 진정성이 있네 없네 이야기할 필요가 없다고 봅니다. 우리는 복직투쟁이 아니라, 노조인정 투쟁을 하고 있는 것이고 법 제도에 관한 투쟁이기 때문에 선별복직을 받을 수 없습니다. 노조법 2조 개정을 위해 노력하라는 거죠.

지난 11월 1일 중노위 판결은 우리의 투쟁이 없었다면 없었을 겁니다. 그들도 정치적 판단을 한 거죠. 중노위 판결에 노동부가 항소하는 것으로 갈 텐데, 우리 노조필증은 노동부가 내줬던 그것 때문에 아마 고민할 겁니다. 우리는 우리의 할 일을 해야 하는 것인데, 결국은 포기하지 않고 투쟁해 왔던 김소연 같은 사람, 나 같은 사람이 나서야 한다는 겁니다.

루시아 여태까지 투쟁으로 만들어온 성과물이 문재인이나 은수미 같은 사람들이 드나들면서 민주당으로 가는 거 아닌가 하는 안타까움이 있었어요.

고동민 국정감사 관련해서 민주당도 같이 가는 것은 맞죠. 그런데 그 이후는 다른 문제입니다. 청문회나 국정감사 국면에서는 공이 국회로 가게 됩니다. 하지만 투쟁이 없었다면 그렇게 될 수 없었다는 겁니다.

4월에 처음 대한문에 분향소를 만들었을 때, 49재까지 하고 끝날 줄 알았던 사람들도 있었어요. 하지만, 끈질기게 가야 한다고 주장했습니다. 조합원들조차 희망뚜벅이, 희망텐트, 희망광장 등으로 이어지던 투쟁들에 많이 지쳐 했고, 그런 투쟁의 과정을 거쳤지만 크게 달라지지 않는다는 피로감이 누적되어 있었어요. 그런데 그 이어지던 투쟁으로 인해서 투쟁사업장들 간의 연대가 단단하게 만들어진 것입니다. 대한문을 처음에 몸으로 지켰던 사람들은 기륭, 재능, 콜트콜텍 등 투쟁하는 동지들이었습니다. 그래서 대한문은 쌍차 투쟁만이 아니라 모든 투쟁하는 사람들의 상징적인 거점인 겁니다.

정면
돌파

정진우　현재의 어려운 상황을 어떻게 넘어설 것인가에 대해 더 얘기해 보죠.

고동민　쌍차로 모아진 힘들을 어떻게 다른 투쟁사업장에도 확장할 수 있을 것인지 고민하고 만들어내려고 노력했습니다. 저희가 했던 "톡톡톡" 같은 기획은 전북고속이나 전주대 청소노동자들의 투쟁 등 잘 모르는 곳들을 당겨내고자 만들었던 겁니다. 유명인들도 일부러 연결시키려고 노력했죠. 공지영 씨의 『의자놀이』가 영향이 있었지만, 실은 조금씩 조금씩 모여주신 분들, 그분들이 모아낸 십시일반의 마음이 만들어낸 거라고 봅니다.

루시아　그 말을 하고 싶었어요. 그게 바로 사회적 연대입니다. 그 사람들은 변함없이 갈 수 있다고 믿어요. 저처럼 사회적 문제에 완전히 손 놓고 살던 사람이 4년여간 현장으로 가서 사람들을 만날 수 있었던 힘은 거기에 있었어요. 전여기저기 다니면 꼭 알고 있는 사람들을 서로 소개시켜 줍니다. 그래서 서로를 알게 하는 것이 중요하다고 생각했어요. 그 속에서 골수들이 생겨나게 되는 거고, 그 골수들이 점점 더 많아지게 하는 것이 사회적 연대라고 생각합니다. 그 사회적 연대를 확장하는 것이 바로 투쟁하는 노동자대통령의 대선 운동이어야 한다고 보고요.

정진우　정리해고 비정규직 없는 세상이라는 슬로건이 다른 후보들의 공약과 무엇이 다르냐고 묻습니다. 예를 들면 고동민 동지는 쌍차의 조합원 중 한 사람으로서 선거운동을 하는 것이 아니라 그걸 넘어서 정리해고 문제를 제대로 돌파하기 위해 선거투쟁을 하는 것이 되어야겠죠. 정리해고 문제를 어떻게 사회적으로 확산시킬 것인지, 쌍차나 재능에 연대하는 수준이 아니라 정리해고 비정규직의 문제를 근본적으로 해결하기 위해 싸움을 만들어내야 한다는 겁니다.

고동민　정리해고 문제를 어떻게 해결할 거냐 한다면 근본적으로 정리해고 철폐 밖에 없습니다. 다시, 이를 위해 어떻게 투쟁할거냐 하면 불복종 투쟁밖에 없다고 봐요. 체제를 유지하는 공권력이나 법 테두리를 불복종하는 것밖에 없는 것 아니겠어요? 법 테두리 안에서 회계조작을 해서 정리해고한 것이고, 법 테두리 안에서 직장폐쇄를 이용해서 노조탄압을 하는 것인데 여기에 불복종하는 것밖에 없다는 거죠. 이는 정권에 대한 불복종이어야 한다는 겁니다. 그런 사람들이 모여서 우리의 이야기를 쏟아내는 것 이외에 뭐가 있겠습니까? 그런 사회적 힘들이 모여지는 것이 확인되어야 하는 겁니다.

정진우 대한문에 찾아오는 다양한 사람들이 자신의 문제를 발견하고 자신의 노동자성을 발견할 수 있는 것으로 확장해야 합니다. 사회적 연대를 정치적 영역으로 끌어 올리는 것이 중요하죠. 그 공간에서 정치적 주체로 투쟁의 주체로 다시 설 수 있도록 만들어야 하는 것이 우리의 숙제라고 봅니다. 소수라 할지라도 자신의 문제와 자신의 노동자성을 가지고 활동하게 된다면 그 의미를 달성하는 것이라 봅니다.

유명자 투쟁하는 노동자대통령 선거투쟁을 통해서 노동자인 것이 부끄럽지 않도록, 여성 비정규직 노동자 후보 김소연 후보가 당당하게 말할 수 있으면 좋겠습니다. 세상을 뒤엎겠다는 건 노동자가 노동하는 것이 부끄럽지 않게 인식되게 하는 것이라 봅니다.

유흥희 기륭투쟁에서 불법파견 이야기할 때 남들이 다 안 될 거라고 그랬는데, 전면에 내세웠던 과정이 있었어요. 점거나 단식 등 여러 가지 투쟁을 했지만 잘 안 된 이유가 뭘까, 그 바탕에서 2010년에는 파견법을 전면에 걸었습니다.

당시에 어떤 조합원이 "불법파견이 잘못되었다고 얘기했었는데, 그럼 합법으로 둔갑한 파견은 괜찮은 거야?"라는 질문을 던졌는데 뒤통수 맞은 것 같았어요. 에둘러 얘기하지 않고 노동자의 목소리를 온전하게 담을 수 있는 후보, 그것을 그대로 경험한 김소연 후보가 만들어진 거라고 봅니다. '대통령으로 당선되지 않더라도 세상은 저 사람이 얘기하는 것처럼 움직여야 해'라는 마음을 가지도록 했으면 좋겠어요. 우리의 확신이 있었으면 좋겠습니다. 말로만 아니라 행동으로 만들어내는 대선투쟁이 되었으면 좋겠고, 분명히 그렇게 되리라 믿습니다.

이선옥

이선옥 김소연 후보는 성별, 학벌, 직업, 직종, 재산 등 모든 면에서 그 자신이 가장 약자일뿐 아니라 노동자계급을 대표하고 있는 완벽한 진보예요. 투쟁의 경험이나 능력도 갖추고 있기 때문에 더더욱 완벽하죠. 온갖 진보정당의 실험이 다 망했어요. 더 멀리 보고 길게 보고 이 길을 헤치고 나감으로써 다른 정치가 필요함을 보여주어야 합니다.

발자국을 포개다

고동민　솔직히 진보정치와 노동운동이 제 역할을 다했다면 이런 계기를 만들 수 없었을 것 같습니다. 투쟁하는 노동자들이 앞장서고, 직접 주도하는 이런 흐름이 한 번의 도전이 아니라 정치적으로 세력화 될 수 있어야 합니다. 대선 이후 더 단단하게 다지면서 앞으로 나아갈 수 있도록 함께 했으면 합니다.

정진우　이제 마무리 할 시간이 되었네요. 심인호 님이 다시 공장으로 출근해야 할 시간이 얼마 남지 않았습니다. 다들 마음이 바쁠 텐데 생각보다 오랜 시간 이야기를 나누었네요. 소중한 시간, 함께 만들어주신 분들에게 감사드리면서 마칩니다.

"안녕하세요? 어떻게 알고 전화를? 이제 막 휴식시간인데……"

동희오토 공장에서 근무하는 심인호 님과 제때 통화를 하기 위해서는 근무조와 휴식시간을 정확히 알아야 한다. 꽤 오랫동안 대화를 못 했는데, 기분이 좋아지는 특유의 경쾌한 목소리는 변함이 없다. 제일 나중 건 전화였지만 유일하게 흔쾌히 응해준 그의 야간근무로 인해 대담시간은 점심시간으로 바뀌었다.

"무슨 말을 해야 하나요?" 대담에 참여해야 할 이유를 이렇게 저렇게 설명해 보지만 되돌아오는 질문은 거의 같다. 우리의 목소리를 책으로 남겼으면 한다는 답도 그다지 만족스런 것은 아니다. 후보등록을 준비하느라 분주한 선거사무실에 모여 대화의 상대를 확인하고도 어색함은 쉬 사라지지 못했다.

급히 준비한 의례적인 질문들이 외려 주최 측의 무성의함을 질책하는 구실이 된다. 답답함을 풀어준 계기는 갑작스레 누군가가 쏟아내기 시작한 눈물이다. 함께 침묵한 시간은 그저 '무음'으로 처리되어 녹음기에 남겨졌지만, 마치 무음에 대한 해석이라도 하려는 듯이 그렇게 하나 둘 '목소리'가 나오기 시작한다. 대담이 토론 공방전이 되었다가 다시 성토대회로 변한다. 그렇게 다섯 시간 동안 터져 나온 목소리들을 풀어내고 정리하는 데 수일이 걸려야 했다.

대담은 시종일관 "우리가(!) 왜 대담을 하고 있는지"에 대한 답을 찾는 것으로 흘러갔다. 서로 묻고 답한 공통의 주제는 이번 "노동자대통령 선거투쟁"의 결정적인 의미에 대한 것이다. 우리는 왜 선거투쟁을 하는가? 거꾸로도 묻는다면, "왜 우리인가?"

기륭전자와 동희오토는 "비정규직 노동자들의 치열한 투쟁이 사회적 연대로 확장된" 소중한 경험을 상징한다. 쌍용자동차와 재능교육 노동자들의 투쟁 현장은 이미 정리해고와 비정규직이란 이름의 사회적 전쟁터가 된 지 오래다. 작년 여름, 희망버스 운동의 한복판에서 마이크 잡고 스피커 역할을 감당해야 했을 때, 이 거대한 사회적 운동을 이끌어낸 주역이 누구인지 굳이 특정해 지목해야 한다면,

사진© 정택용

난 이렇게 용감하게 답하겠다며 이들의 이름을 실명으로 하나씩 불러 보곤 했다. 이들이 이제 노동자대통령과 함께 하는 '정치희망버스'의 주동자가 되어 비로소 나의 용감함을 입증해 준다. 그리고 이렇게 대담의 주체들로 만나 함께 책이 되고 활자가 된다. 아쉬운 것은 루시아 님이다. 연대활동의 상징 루시아가 아닌, 사무직 노동자 박희경의 이야기를 꺼내 보겠다는 것이 주최 측의 의도였다. 그러나 여전히 그가 투쟁 주체들 사이에 루시아로만 남겨져 있는 이 대담의 한계에 대하여, 삼성에게 한 방 먹이며 성공적으로 출발한 정치희망버스의 드러나지 않은 빈자리들에 대하여, 우리는 아직 우리의 시작이 채워져야 할 것들을 기다리며 비어있다는 고백을 해야 할 것 같다.

풀린 녹취를 다시 글로 감고 있던 날 밤, 여러 통의 비슷한 전화가 이어졌다. "정말 등록할 수 있느냐?"로 시작해 "꼭 등록해야한다"로 끝나던 전화들. 우리는 왜 등록했고, 선거에 나서 무엇을 이루려고 하는가? 잠을 이루지 못하던 새벽녘, 난 레드알포(@redR4)가 되어 이렇게 나의 벗들에게 트윗을 날렸다.

"피곤한데 잠이 오지 않는다. 선관위에 2억 4천이 입금되었다. 비정규직노동자들이 밤새 일해 받은 월급, 대한문을 지키던 시민들이 송금한 후원금…… 기적은 오는 게 아니라 만드는 것 #노동자대통령 김소연! 우리의 피와 눈물, 투쟁의 절규를 드디어 등록한다!"

잠을 포기하고 서산에서 서울까지 곧장 올라온 심인호 님, 대통령 후보까지 만들어 준 유흥희 님, 투쟁하는 노동자가 얼마나 멋진 사람인지 알려주시는 고동민 님, 답을 만들어야 한다는 걸 잊지 않게 해주시는 유명자 님, 글의 질주를 재개해 주시길 간절히 바라는 이선옥 님, 우리가 희망임을 먼저 보여주시는 루시아 님, 모든 우리들에게 감사한다.

_정진우

※ 대담을 기획한 정진우는 진보신당 비정규실장과 사무총장을 그만둔 후 비정규직없는세상만들기 네트워크에서 활동하고 있다. 희망버스 사건으로 구속되었고, 현재도 재판이 진행 중이다.

발자국을 포개다

5

희망의 징표들
_이제, 무엇을 할 것인가

한국의 벗들에게

_박노자

이 글은 지난 여름, 홍세화 대표를 포함하여 진보신당에서 '전태일의 집'을 준비하는 분들이 마련한 기획특강에서 발표한 내용을 다듬은 것입니다. 가혹한 자본의 공세에 맞서 현장에서 긴 시간 싸워온 여러분들이 보수주의와 자유주의라는 부르주아 정치만 지배하는 대선에서 고투하는 소식을 들으면서도 이렇게 글 한 편을 드릴 수밖에 없는 것을 미안하게 생각합니다.

김소연 후보와는, 저는 아쉽게도 일면식이 없습니다. 부끄러운 이야기인데, 저는 기륭투쟁 4년 동안 비록 레디앙 등 인터넷 사이트를 통해 계속 유심히 지켜보고 가끔 글에서 언급해도 직접 가서 연대한 적은 없습니다. 지금 생각하면 매우 부끄러운 일입니다. 맨날 노동계급 이야기를 하지만, 실제로 국내에 가면 직업적인 일(학회, 강연 등)만 챙기지, 노동계급을 거의 찾지 못하고 만나지 못해 왔습니다. 그럼에도 이런 저를 여러분의 벗으로 생각하여 주시겠습니까? 이 글은 지금까지와는 다른 좌파의 길을 열어가려는, 싸우는 노동자들에 대한 저의 힘찬 박수소리입니다.

발자국을 포개다

미래를
도둑맞은 젊은이들

　이 이야기는 작년 스페인에서 일어났던 일부터 시작된
다. 한국에서는 보도가 거의 되지 않아 자세한 소식을 접
하지 못했을 가능성이 크지만, 지난해 5월 15일 스페인에
서는 아주 유쾌하고도 어떤 면에서는 비극적인, 젊은이들
의 대반란이 일어났다.

　이 반란은, '아직까지는' 무기를 들고 일어난 무장반란
은 아니었다. '아직까지'라는 말을 왜 붙였는가 하면, 유럽
을 휩쓸고 있는 대공황이 어떤 식으로 귀착될지 '아직까지
는' 전혀 감을 잡을 수가 없기 때문이다. 다만 현재, 안달
루시아 주 광산노동자들의 저항이 이루어지는 양상을 보
면 무장저항으로 나아가지 않으리라고 지금으로서는 예상
불가능하다. 어쨌든 이들 반란은 '아직은' 비무장 반란이
었다. 그들은 마드리드, 바르셀로나, 고르도바, 이 세 광장
을 점령했는데, 이것을 가리켜 '분노한 젊은이들의 반란'
Los Indignados이라고 부른다.

　그렇다면 젊은이들은 무엇에 분노했을까? 한국의 언론
들이 제대로 보도하지 않은 것으로 아는데, 스페인의 청년

실업률은 얼마나 될까? 공식적으로 '백수'로 등록되어있는 비율만 50퍼센트가 넘는다. 이것은 스페인뿐만 아니라 남부 유럽 전체에 해당되는 것이며, 그리스의 경우 55퍼센트를 기록하고 있다. 이는 사실상 사회 붕괴를 예고하고 있는 것이다.

50퍼센트의 청년실업률은 무엇을 뜻하는가? 청년이 사회로부터 완전히 배제당하고 있다는 뜻이다. 실업이라는 것은 사회적 시민권을 박탈하는 것이다. 물론 실업자가 됐다고 해서 꼭 굶어 죽지는 않는다, '아직까지는'. 대공황이 어디까지 어떻게 귀착될지 '아직은' 누구도 모른다. 그러나 굶어 죽지는 않더라도 거의 기아선飢餓線에 가까운 실업수당으로 연명하거나, 계약 없는 노동 혹은 구두계약으로만 이루어지는 노동에 매달려 한 달에 한국 돈으로 70~80만 원을 받는 것이 절반 넘는 유럽 젊은이들의 운명이 되었다. 그러니까, 한 세대가 철저하게 미래를 도둑질 맞은 것이다. 결국 이에 대해 젊은이들이 분노하여 반란이 일어났고, 주요 도시의 광장은 이들에게 점령당하며 곳곳에 천막들이 쳐졌다.

한국의 언론에서 이를 보도했는가? 대다수는 북한만 정보를 통제한다고 알고 있지만, 남한 언론 역시 실제로는 통제를 한다. 물론 남한의 경우, 국가가 아니라 자본에 의해 '자발적으로' 통제되는 것이지만, 이는 국가의 통제와 하등의 차이가 없다. 대중들이 몰라야 하는 부분은 미리

걸러져 모르는 것조차 모르는 상태가 유지되는 것이다.

젊은이들의 '반란'에서 특기할만한 것은, 이들이 가장 미워하는 정당, 혐오대상인 정당이 사회당이라는 사실이다. 왜 하필이면 스페인의 사회당, 그러니까 사민주의 정당이 혐오대상이 됐을까? 지금은 국민당이 여당이지만 당시만 해도 사회당이 정부 여당이었다. 2004년부터 거의 7년 동안 사회당이 한 것은 온갖 신자유주의적인 정책, 예를 들어 퇴직연금연령 인상이라든가 공무원 임금삭감 같은 조치들로 계속해서 닥쳐오는 공황의 물결을 막으려 했었다. 물론 그렇게 해서 막은 것은 하나도 없었다. 오히려 긴축예산 조치는 자본한테는 환호를 받았지만 결국 대중의 실질소득을 떨어뜨려 장기적으로 봤을 때 공황을 악화시켰을 뿐이다. 실제로 신자유주의적인 공황 대책들은 공황을 계속 악화시키거나 파국으로 치닫게 하는 역할을 한다. 신자유주의적인 정책을 집행하는 데 있어서 사회당은 우파의 민중당보다 훨씬 악독스럽게 굴었고 훨씬 더 철저하게 집행했다.

또 하나의 혐오 대상은 사회당을 가장 지지하고 뒷받침해주고 호응했던 정규직 위주의 대형노조들이었다. 중년 고숙련 남성 노동자 위주의 대기업노조와 그 노조들이 먹여 살리는 사회당이 젊은이들한테 가장 불신을 받고 가장 혐오의 대상이 되었던 것이다. 이것은 묘하게도 한국의 상황과 겹쳐지며 우리에게 의미 있는 화두를 던진다.

그렇다면 스페인의 사회당이 상징하는 구좌파가 어떤 악업을 쌓았기에? 좌파가 가장 호소해야 되는 대상은 젊은이 아니던가? 젊은이는 어쩔 수 없이 자본주의 사회에서 가장 어려운 위치가 될 수밖에 없는 위치에 있다. 아직은 노동시장 진출을 앞두고 있는 계층이거나, 진출을 못하고 있거나, 이제 막 진출한 사람들로 가장 차별받을 수밖에 없는 처지에 있다. 연령질서라는 게 있기 때문이다. 또한 가족을 꾸리고, 주택을 마련하고, 육아를 하는 과정에서 상당한 비용이 요구되는데 자본주의 사회에서는 사실상 빚 말고는 확보할 방법이 없어서 젊은이들이야말로 고리대업자격인 은행이라든가 고용주로부터 가장 혹독한 착취를 받을 수밖에 없는 계층이다. 그런 의미에서 자연스럽게 좌파가 젊은이들한테 설득력을 가져야 되는데 오히려 증오의 대상이 되어버린 것이다.

이유가 무엇일까? 왜 구좌파는 젊은이들에게 증오의 대상이 된 것일까? 좌파가 젊은이들에게 호소하고 젊은이들의 지지를 받아야 할 뿐 아니라, 수많은 배제된 노동자, 주변화된 노동자들의 지지를 받아 자본주의보다 좀 더 나은 사회를 만들어가려면, 그리고 오늘과 같은 대공황을 진보적인 방향에서 타개하려면 좌파는 어떻게 탈바꿈해야 하는가? 이것이 나의 문제의식이다. 그 출발점이 스페인의 '분노한 젊은이들의 반란'이다.

좌파의 배신으로
점철된 역사

　그렇다면, 스페인의 사회당과 같은 구좌파가 어떻게 만들어졌는지, 태생적으로 어떤 문제를 안고 있었는지에 대해 역설적으로 생각해볼 필요가 있다. 나는 밥 먹고 사는 업이 역사다 보니 현실 이야기보다 역사 이야기가 더 끌린다. 어쨌든 역사 이야기를 빠트리면 지금의 현실을 이야기할 수가 없다.

　유럽에서 좌파가 하나의 사회적인 제도(정당)로서 출현한 것은 19세기 말이다. 당시 가장 대표적인 좌파는 여러 사민주의 정당의 모범이 된 독일 사민당이었다. 독일 사민당은 구조적인 특징 두 가지를 지니고 있었다. 하나는, 대기업의 중년 고숙련 남성 노동자를 지지 기반으로 삼아 상당 부분의 노조를 집단 회원으로 포괄하고 그 후원금으로 운영된다는 점이다. 그러니 노조 관료들과 떼려야 뗄 수 없는 불가분의 관계를 맺고 있을 수밖에 없다. 독일 사민당의 당직자들을 보면 주로 노조 관료로 충당되었다. 노조의 현장 위원장과 직업별 노련 위원장들이 당으로 자리를 옮겼다. 출세의 길이었던 것이다.

또 한 가지는, 어쨌든 표면적으로 혹은 장기적으로 사회주의를 지향했다 하더라도 당장은 의회 진출에 목숨을 걸었다는 것이다. 의회에서 보다 많은 의석을 차지해서 언젠가는 다수당이 되어 의회를 통해서, 국가를 통해서, 사회주의를 실시하자는 생각을 갖고 있는 사람이 사민당에 많았다. 약간 극단적인 경우, 수정주의의 시조인 에두아르트 베른슈타인Eduard Bernstein의 '명언'처럼 "사회주의로 알려진 궁극적 목적은 나에게 아무것도 아니다, 운동 (즉, 그 목적을 향해서 가는 길)은 다(모든 것)이다"라는 식의 논리를 펼쳤다. 이처럼 아예 사회주의적인 전망 자체를 무화시키고 개량의 과정에 모든 의미를 부여한 극단적인 개량주의자도 있었지만, 그런 정도가 아니더라도 어쨌든 두 가지의 특징, 즉 대기업 위주의 노조를 기반으로 하는 것과 의회 진출주의(전략)이었다.

그것이 무의미하다고 할 수는 물론 없다. 독일 사민당이 의회에 진출해서 선진적인 복지개혁을 주도한 사실은 일정 부분 맞다. 물론 그전에 이미 1880년대 비스마르크 정권 때 독일 노동자들한테 사회주의 국가를 미리 예방하는 의미에서 노후연금이라든가 병가수당, 실업수당과 같은 복지개혁을 어느 정도 실시하긴 했었지만. 그렇다고 사민당이 이 부분을 계속 확대시키려고 노력한 공로까지 무시할 수는 없다. 또 한 가지, 정치력의 힘으로 수많은 노조들의 정기적인 임금단체협상이라는 관습을 제도화시킨 바 있다.

발자국을 포개다

그런데 임단협을 통해서 고숙련 남성 노동자들의 임금을 정기적으로 올릴 수가 있어서 제1차 세계대전을 앞두고 비교적 괜찮게 사는 노동자—즉, 어느 정도 문화생활을 즐기고 주로 사민당이 주관하는 도서관이나 클럽에 다니는 중산층과 비슷한 계층—들이 생겨서 이들이 나중에는 사민주의적, 공산주의적 정치에 또 하나의 버팀목이 된 부분도 공훈이면 공훈이다.

그러니까, 기초적인 복지제도가 생기고 일부 노동자들이 그래도 완전한 빈곤상태를 벗어난 것이 이런 전략의 장점이었다는 것이다. 당시 노동자들의 전반적인 생활조건이라든가 노동조건을 고려했을 때 그러하다. 독일은 아니지만 영국이나 미국 같은 경우, 많은 미조직 노동자들이 그때까지만 해도 12~13시간의 장시간 노동을 했었다. 물론 지금의 남한과 그다지 차이가 없지만 말이다. 당시 임금은 낮았고 노동자들의 생활수준은 중산층과 확연히 구분됐었다. 그런 과정에서 대형 노조 의존과 의회주의 전략에 방점이 있다 하더라도 나름대로 현실 정치에 있어서는 장점도 없잖아 있었다. 그런 장점에 힘입어 제1차 세계대전을 앞두고 독일 사민당이 의회에서 3분의 1 의석을 차지하는 등 쾌재를 부른 적도 있었다. 여기까지는 다 좋다. 문제는 무엇인가?

적어도 일부의 대기업 노동자들이 중산계층 비슷한 생활수준을 얻었다는 것은 무엇을 의미하는 것인가? 당시 독일은 이미 식민지 침략을 하기 시작했고 식민지들에서 얻은 인력가치, 그러니까 초과이윤을 적어도 일부 노동자들의 임금을 올리는 데 투자할 수 있는 여력이 일부 기업한테 생겼다. 그런가 하면 미조직, 작은 기업의 노동자나 여성 노동자, 주로 폴란드 출신의 이주 노동자들에 대한 가혹한 차별 대우 등으로 인해 일부 잉여가 생긴 부분도 없잖아 있었다. 그러니까 일부 조직 노동자, 고숙련 노동자에 대한 경제 투쟁의 성과는 일부분은 노동자 중에서의 일부를 포섭하는 방식이기도 했고, 또 그렇게 해서 일부 조직 노동자들이 체제에 포섭됐다고 볼 수 있다. 적어도 일시적으로는 본격적인 체제 변혁이 불필요하다는 생각이 들 정도로 체제에 포섭되어 버렸던 것이다.

무엇보다도 체제에 빨리 포섭된 사람들은 임단협을 맡고 있었던 노조 간부들이었다. 노조가 권위를 부여받고 제도화되고 나름의 자산을 가지게 되자, 노조 간부를 잘하고 임금협상을 잘 벌이면 나름의 인기를 얻어 사민당 당직으로 갈 수 있는 출세가도가 열렸다. 이런 상황에서 노조 간부들의 관심사가 혁명이었을까? 임단협에서의 성과가 당 관료들과의 사적 네트워크, 국가 관료나 사업가와의 좋은 관계 유지로 연결되었다. 그렇게 임단협이 제도화되고 노조가 하나의 제도로 뿌리를 내리는 과정에서 노조 간부층의 보수화가 가속화됐다.

그러다 어떤 일이 일어났을까? 아시다시피 1914년에 독일이 주도적인 역할을 해서 유럽에서 끔찍한 전쟁이 발발했다. 전쟁이 발발하면 사회주의자는 어떻게 행동해야 하는가? 1914년을 두 해 앞둔 1912년에 독일의 슈투트가르트에서는 제2차 인터내셔널 국제사회당 대회가 열렸다. 전쟁이 발발할 경우 국제사회주의자들, 그러니까 각 나라 사민당들이 어떤 행동강령을 채택해야 하는지 논의한 끝에 이들은 전쟁을 결사적으로 막고, 만약 지배자들이 전쟁을 벌일 경우 총파업으로 결사반대하자고 결의한 바 있었다. 원칙상 독일 사민당이 절대 전쟁에 협력하면 안 되는, 이를테면 '약속'을 해놓은 거다. 그런데 전쟁이 막상 터지자 과연 사민당은 어떤 식으로 대처했을까? 당시 사민당의 국회의원들 중에서 전쟁을 위한 국채발행에 반대표를 던진 사람은 단 한 사람, 카를 리프크네히트Karl Liebknecht였다. 그는 나중에 국회의원 자격을 박탈당하고 전선에 병사로 보내지자 그것을 거부해, 시체를 매장하기 위한 무덤 파는 일로 차출되었다가 공산주의자가 되었고, 결국에는 로자 룩셈부르크Rosa Luxemburg와 함께 반동들한테 암살당했다. 전쟁을 막아야 하고 프랑스나 영국의 동료 노동자들을 절대 죽이면 안 되는 사민주의자들이 막상 전쟁이 터지자 집단적인 광기, 광란 같은 것을 일으켜서 전쟁에 저항하기는커녕 오히려 적극 협력한 사람들까지 적잖이 있었던 것이다. 바이마르 공화국의 초대 대통령이자 사민당 당수였던 프리드리히 에베르트Friedrich Ebert라든가 구스타프 노스케

Gustav Noske 같은 대표적인 우파 사민주의자들의 출신 기반은 대체로 노조 관료들이었다. 임금인상 투쟁, 경제 투쟁에 나름의 성과가 있었고, 기업가나 국가와 친밀한 관계를 유지하고 관리해온 이런 사람들에게 전쟁 반대는 곧 국가 체제 속에서의 출세를 포기하는 것이므로 절대 반대할 수 없었던 것이다. 보수화된 노조간부들이 결국에는 사민당에서 가장 영향력 있는 계층이 되어서 사민당을 전쟁협력 집단으로 만들었다.

사민당의 기반은 어쨌든 노동자였는데, 노동자 중에서도 상당 부분 고임금, 고숙련 남성 노동자들이 전쟁을 불가피하다고 인식해서 징병에 순순히 응하고 반전투쟁을 하지 않았다는 것은 이미 잘 알려진 이야기다. 그러니까 구좌파는 이미 그때 대기업 남성 숙련 노동자 중심의 노조에 의존하고, 노조 경제 투쟁을 지원하는 정치력을 발휘하고, 의회주의 전략에 매진한 나머지 체제에 상당 부분 포섭되고, 체제와 투쟁할 능력을 상실해 버렸다. 그 결과 자본주의 체제의 가장 흉악한 발로라고 할 수 있는 제국주의 전쟁에 하나의 부역집단이 되어서 영원히 급진적 사회주의, 또는 변혁적 사회주의와 인연을 끊고 만 것이다. 이처럼 제1차 세계대전을 앞둔 일부 구좌파의 체제 속으로의 포섭 과정이 구좌파의 구조적인 파국의 시작이라면, 스페인의 대도시 광장에서 젊은이들이 "사회당을 가장 혐오한다"는 것은 구좌파의 궁극적인 파국의 거의 마지막 선언이라고 할 수 있겠다.

물론 그렇게만 스토리가 끝나는 것이 아니다. 제1차 세계대전은 지배자들이 6개월 이상 걸리지 않을 것이라 예상했지만 4년이 걸렸다. 그 과정에서 독일과 러시아를 비롯한 후진적인 국가들이 혁명을 맞게 되었다. 대중적 혁명 과정에서 일부 구좌파가 급진화되면서 특히 러시아 같은 경우 혁명집권세력이 되었다. 독일에서도 급진적 반전투쟁을 중심으로 사민당에서 공산당으로 분화되었다. 결국 구좌파의 분화현상이 일어난 것이다.

제1차 세계대전부터 2차 대전까지 독일을 중심으로 한 서구의 급진좌파는 상당히 대중적인 인기를 누리고 있었다. 프랑스 같은 경우는 정치판에서 거의 제2, 제3의 세력이 되어 있었다. 프랑스는 1936년 인민전선 정권 때 하나의 세력으로 등장할 수 있을 정도로 힘이 컸다. 급진좌파가 하나의 초동세력이 되어서 프랑스 노동자들이 최초로 쟁취한 것이 바캉스이다. 바캉스라 해봤자 대한민국에서는 평균 4~5일로 거의 즐길 수가 없지만, 어쨌든 프랑스 노동자들이 몇 주에 걸친 바캉스를 즐기게 된 것은 인민전선정권 때부터이다. 그때 프랑스 공산당도 상당한 역할을 했다. 이때만 해도 급진좌파가 나름대로 힘을 쓸 수가 있었던 것이다.

그러다가 30년대와 40년대에 엄청난 변화가 일어났다. 하나는, 소련의 혁명 에너지가 다 되어서 스탈린의 반동으로 급속히 보수화되면서 30년대 말쯤만 해도 소련이 유럽 공산당들에게 절대로 혁명을 요구하지 않았다. 이미 인민전선 반파쇼투쟁, 민주주의 사수, 혁명을 통한 사회주의 쟁취는 소련에서도 유럽 공산당에 관한 한 포기했다. 2차 대전 이후로는 혁명에 대한 생각이 별로 없었다. 이미 소련 관료들이 다 보수화되었기 때문이다. 이처럼 소련이 급격하게 혁명성을 잃은 것과, 또 한편으로 제2차 세계대전을 거치면서 급진좌파의 상당 부분이 정치 체제에 어느 정도 흡수되고 제도적 민주주의가 확보되면서 득표율 위주의 정치생활을 하게 된 것이다.

그리고 또 하나는 제2차 세계대전을 거치면서 전쟁을 통해 30년대 대공황이 해소된 것이다. 자본주의 체제 안에서는 대공황 해소 방식은 크게 봐서 한 가지밖에 없다. 대량 살육을 통한 것. 지금으로써도 이게 유효하다는 것은 정말 끔찍한 사실이다. 어쨌든 전쟁을 통해서 대공황이 해소되고, 1945년부터 유럽에서는 자본주의 황금기가 시작되었다. 이 황금기는 유럽의 경우 70년대에 끝났고, 일본은 92년에 버블경제가 터지고 나서 끝났다. 대한민국은 본격적인 자본주의 발전이 60년대 초반부터 시작해서 98년에 끝났다. 시차가 있지만 똑같은 상황을 맞고 있는 것이다. 황금기의 특징이 뭐였는가? 급속한 기술혁신, 생산성 제고, 국제무역 확장, 그리고 구식민지들이 거의 해방됐지만 국제차관이라든가 융자, 또는 외국 투자를 통한 초과이윤 수

발자국을 포개다

치 등을 통해 서구 노동자의 상당 부분이 적어도 소비 수준으로는 체제 속에 편입될 수 있었던 것이 이 시기의 하나의 특징이었다. 70년대 말까지만 해도 주요 서구 산업국가에서 고숙련 남성 노동자들의 절대다수는 정규직이었다. 80년대부터 서구에서 실질임금이 침체되기 시작했지만, 80년대 초까지만 해도 어쨌든 실질임금이 조금씩 오르기는 했다. 노르웨이 같은 경우, 지금도 2~3퍼센트 정도씩은 오르고 있다. 독일 같은 경우는 이미 끝났지만.

이처럼 노동자들의 실질임금이 조금씩 오르고 대량소비가 가능해지고 생활양식 차원에서 중산계급과 가까워지는 과정에서 주로 고숙련 고임금 조직 노동자들을 기반으로 하는 구좌파들은 공산당, 사민당 구분도 없이 일단 체제 속에서의 위치 확보, 자신들의 정치력 극대화에 올인했다. 공산당은 좀 다르지 않을까 생각해볼 수 있는데, 공산당들이 힘 있던 사회를 보면 꼭 그렇지도 않다. 예를 들어, 1968년도 프랑스 학생혁명 때 프랑스 공산당이 취한 입장을 보라. 일단 노학연대에 반대하여 급진 학생들이 노동자와 연대투쟁 벌이려고 했을 때 그것을 저지하려 했다. 공산당의 영향력 아래에 있는 노조들은 임금인상 투쟁 중심으로 협상을 벌였는데 관심사는 주로 임금인상과 근로조건이었다. 근본적인 사회변혁에는 무관심했으며 급진적인 학생들과의 연대 움직임도 별로 없었다. 68년 5월, 6월, 그 뜨거웠던 시절이 프랑스에서는 자본주의 체제의 정상적인 가동을 가능케 한 실험이 프랑스 공산당의 체제 협조적인 태도 덕이었다는 것이다. 그러니까 구좌파 중에선 그나마 비교적 급진적이었던 공산당마저도 제2의 사민당이었던 것이다. 공산당은 사회당과 실질적인 정치에 있어서는 가까운 고리였던 반면, 급진세력들은 철저하게 대중들로부터 격리되고 말았다. 68혁명이 낳은 급진세력이 소위 신좌익, 신좌파인데, 신좌파가 대중적인 영향력을 확보한 유럽 국가는 단 한 군데도 없었다. 지금 독일 같은 경우는 디링케Die Linke라는 좌파당이 있지만, 이는 차별받는 동독 출신들이라는 힘에 의해서 생길 수 있었던 것이다. 급진좌파의 대중화는 사실 지금 시작되는 것이다. 앞으로 우리가 가장 기대를 걸어야 하는 부분이 아닐까 싶다.

발자국을 포개다

구좌파는
무슨 일을 벌였나

　어쨌든 자본주의 황금기에 구좌파는 이처럼 철저하게 체제 안에 포섭되었는데, 문제는 황금기가 자본주의체제 하에서 절대 영구하지 않다는 것이다. 세계자본주의체제가 움직이는 법칙이라는 것을 '콘드라티예프 파동'Kondratiev wave이라고 한다. 70년에서 80년 정도가 경제주기인데, 대체로 초기 30~35년은 경기가 상승되고 시장포화가 되지 않은 상태라 비교적 이윤율이 아직은 덜 떨어진 상태이다. 그다음 단계로 넘어가면 이윤율이 크게 떨어지기 시작하는데, 특히 제조업의 이윤율이 많이 떨어져 선진자본주의 경제가 금융화되어야 이윤율을 유지할 수 있게 된다. 이것을 콘드라티예프 주기의 제2단계라고 한다. 선진국 경제가 콘드라티예프 주기의 진입단계를 맞이한 것은 1973년부터 1979년까지이다. 그다음에는 모든 현상들이 다 발생한다. 포화상태를 맞이한 제조업의 이윤율이 떨어진다. 제조업의 경우 독일, 미국, 일본의 3자 경쟁 구도 속에서 구조적으로 실질 단가가 떨어지는 과정, 출혈경쟁을 하지 않을 수 없는 과정 속에 들어가게 된 것이다.

선진국에서는 저임금 국가로의 기피시설 이전처럼, 이윤율을 유지하기 위한 조처들이 취해져서 상당 부분 제조업에서의 취업 인구가 경향적으로 떨어지기 시작했다. 이윤율이 떨어지는 상황에서 총자본을 벌충하기 위해서는 착취 정도를 높여야 한다. 그러나 착취 정도를 전반적으로 높이면 큰일 난다. 사회가 파멸되기 때문이다. 결국 분리 통치를 하기 시작한다. 그 결과, 80년대 이후에 유럽에서는 비정규직 인구가 조금씩 양산되기 시작한다. 현재 미국의 경우만 해도 비정규직, 그러니까 프리랜서라든가 말 그대로 정규 고용이 되어있지 않은 상태에 있는 사람들이라든가 시한 계약직 노동자가 전체의 30퍼센트 정도를 차지하고 있다. 스페인은 35~36퍼센트에 이른다. 영국도 80년대 이후 특히 여성 노동자, 청년 노동자, 이민 노동자 등의 비정규직이 급격하게 상승하기 시작했다. 남성 고숙련 노동자의 상당 부분은 정규직으로 남아있어 임금이 적어도 떨어지지는 않았는데, 여성, 청년, 이민 노동자들의 비정규직화 과정이 급속하게 이루어지기 시작한 것이다.

독일 같은 경우, 그 과정이 90년대 통독 이후로 급속히 진행되어 워킹푸어가 수백만 명으로 늘어났다. 우편제도가 사유화된 이후 독일 집배원의 상당수는 일하고 월급을 받으면서도 복지사무소에 가서 수당을 받아야 어느 정도 생계유지가 가능한 실정이다. 그만큼 최저임금 노동계층이 양산되면서 하층 노동자들의 빈곤화 과정이 일어난 것이다. 이는 분리통치와 맞물리는 것이었다. 하층계층 노동자들에 대한 초과착취를 통해서 고숙련 조직 노동자들의 임금수준을 어느 정도 보장해주는 분리통치가 유럽에서 광범위하게 이루어지게 된 것이다.

문제는 무엇인가? 좌파는 이런 상황에서 가장 주변화된, 가장 어렵게 된 노동자 편에 서서 분리통치책, 그러니까 총자본이 펼치는 이윤율 유지를 위한 하층 노동자 계층의 빈곤화 정책을 당연히 반대해야 하는데, 독일 사민당이 1차 세계대전을 반대하지 못했듯이 구좌파는 계속해서 이와 같은 신자유주의적인 정책에 제대로 반대하지 못했다. 실은, 반대하지 못했다는 표현은 맞지 않는다. 오히려 집행하는 경우가 많았다. 대표적으로 구좌파가 집권해서 반노동정책을 집행한 경우를 열거하자면, 독일 사민당의 게르하르트 슈뢰더Gerhard Schröder 정권과 영국 노동당의 토니 블레어Tony Blair 정권. 이 두 구좌파 정권을 들 수 있다. 슈뢰더 정권의 사회복지체제 개악조치는 '하르츠 조치'라고 불리는데, 이는 빈민들한테 엄청나게 고통을 주었다. 예를 들어, 옛날 같으면 실업수당을 그냥 줬지만 현재는 실업자가 관련 복지사무소에서 제시한 취직 제안을 몇 번 거부하면 실업수당이 취소된다. 그런데 그 제안이라는 것이 사실상은 당사자가 도저히 할 수 없는, 거의 강제노역 수준이라는 것이다. 강제취업 당하듯이 무조건 자본가의 요구에 따라서 취직의 자유가 박탈당하는 것이다. 강제취직을 하지 않으면 실업수당을 받지 못하고, 또 실업수당을 받을 때에는 생활수준 검사 같은 게 철저하게 이루어진다. 사실 상 실업자 계층을 하부 노동자, 빈곤한 노동자, 워킹푸어 수준으로 재편입시킨 것이 바로 이 '하르츠 조치'였다. 그 리고 그 정책을 집행한 것이 독일 사민당이었다. 그런 상 황에서 독일의 젊은이들과 실업자, 여성, 이민 노동자들이 사민당을 좋아할까? 그렇게 해서 1차 세계대전 이후에 구 좌파는 다시 한 번 좌파로서의 파멸을 맞은 셈이다.

영국의 경우, 토니 블레어 집권 시기에 소위 '신노동당' 정책이 약간의 실질주의적인 복지정책을 집행하면서 사실 상 전 사회를 신자유주의적으로 재편시켰다. 신노동당이 신자유주의의 버전으로 확고하게 자리 잡은 것이다. 그러 니까 온건 구좌파가 신자유주의적인 총자본 노선의 집행 자가 되어 총자본의 이윤율 유지에 올인한 것이다. 총자 본의 이윤율이 유지되어야 그나마 일부 조직 고숙련 노동 자들의 실질임금이 보전될 수 있기 때문이다. 문제는 그런 노동자들은 소수에 불과하고 대다수 노동자들은 이 과정 에서 철저하게 파탄을 맞이할 수밖에 없었다는 것이다. 다 수의 주변화된 노동자를 희생시키면서 일부의 조직 노동 자들에게 그나마 나쁘지 않은 정책을 취해왔다 할 수 있는 데, 이것은 궁극적으로 총노동 자체를 궁지로 몰고 있는 정책이다. 그렇게 구좌파는 자기 자신을 배반해서 신자유 주의의 버팀목이 되고 말았다. 스페인처럼 극단적인 경우,

그러니까 청년실업이 천정부지로 올라가고 한 세대가 미래를 빼앗기고 철저하게 인생이 망가지게 된 극단적인 경우에는 구좌파야말로 혐오의 대상이 되어버리는 상황이 된 것이다.

그렇다면
한국의 좌파는?

　지금까지 유럽의 구좌파가 대체로 어떻게 철저하게 망가졌는지 골자는 말씀 드렸다. 구좌파의 체제 내부로의 포섭과 파멸의 길에 대해서. 그렇다면 이 이야기는 우리와 무슨 상관이 있는가? 한국은 유럽처럼 전통 깊은 좌파는 없다. 없다기보다는 만들어질 수가 없는 상황이었다. 제도적 민주화가 된 90년대 초반만 해도 노동자 정당을 만들겠다는 사노맹 같은 경우 안기부에 잡혀가서 고문수사를 혹독하게 당하고 장기형을 받아 90년대 말까지 수감되었던 것이 대한민국의 최근이다. 노태우 정권 말기와 김영삼 정권 때만 해도 사회주의 정당을 만들 수가 없었다. 그럴만한 정치적 자유가 없었던 것이다. 그때 사노맹 사건으로 잡혀가서 꽤 오래 감옥에서 사셨던 분이 민주당 국회의원이 되었다. 은수미 씨. 90년대 중반만 해도 구속되어서 앰네스티에서 석방 캠페인 벌일 때 나도 서명한 기억이 있다. 참으로 격세지감이다. 세상에 이렇게 바뀌었구나 싶다. 김대중 정권 때는 신자유주의적 노선을 펼치면서도 그나마 좌파에 대한 경찰 탄압이 어느 정도 완화되었다. 드디어 좌파

　　　　　　　　　　　　발자국을 포개다

가 정치적으로 결성될 수 있었는데, 민노당은 처음부터 유럽의 구좌파를 벤치마킹하기 시작했다.

민노당 관계자들이 처음 하던 얘기가 "영국 노동당이 모범"이라 했다. 토니 블레어 시절의 노동당은 이미 노동당이 아니라 사실 '자본당'이었는데. 어쨌든 민노당은 유럽의 구좌파를 벤치마킹하겠다고 나섰고, 구조적으로도 유럽의 구좌파와 유사한 부분을 택했다. 정규직 위주의 대기업 노조에 의존한 것이 그것이다. 그 자체는 좌파로서 필요할 수도 있다 보지만, 문제는 한국에서는 대기업 노조들이 보수화되기 더 쉬운 풍토가 있다는 것이다.

물론 유럽이라고 해서 대형노조들이 꼭 진보적인 것은 아니다. 그나마 유럽은 그래도 제조업 노조에 비정규직 가입권이 있다. 파견노동자는 가입을 못 한다. 그러나 불이익 받을 것 같아서 가입을 안 하는 것이지 노조에서 가입을 막지는 않는다. 그런데 한국은 80퍼센트의 노조가 비정규직을 받아주지 않는다. 일본을 제외한 세계 어느 산업국가에서도 볼 수 없는 현상이 비정규직과 정규직 노조가 따로 있다는 것이다. 현대차나 쌍용차에는 정규직과 비정규직이 나누어져 있다. 있을 수 없는 일이다. 어쨌든 한국의 정규직 노조는 극단적으로 보수적이다. 심지어 비정규직에 대해서 적대적이기까지 하다. 그런 노조를 기반으로 한 민주노동당 같은 경우, 바른 소리도 많이 했고 한국 상황에서는 진보적이라고 할 수 있는 많은 정책을 제안하기도 했다. 복지제도가 없는 상황에서 부유세, 무상교육, 무상의료, 북한과의 공동 군축 등 진보적인 정책 제안을 함으로써 상당한 존재 의미가 분명히 있었다. 나도 당시 민노당을 지지했고 민노당 신문에 기고하기도 했었다.

문제는 구좌파이다. 처음 결성될 때부터 유럽의 구좌파와 같은 형태를 취함으로써 민노당은 비정규직, 여성, 이민자들의 지지를 많이 받지 못했다. 비정규직을 위한 투쟁도 하긴 했지만 중점은 아니었고, 투쟁할만한 여력도 많이 없었다. 비정규직들로서는 왜 민노당을 지지해야 하는지 불투명했다. 비정규직들과 담을 쌓고 살았다는 상당한 결점이 있었던 것이다. 어떻게 보면 유럽 구좌파의 문제점들이 한국적인 풍토에 어느 정도 재현됐다고 볼 수 있다.

희망의 징표들
_이제, 무엇을 할 것인가

자, 이제 희망을 이야기하자. 2008년부터 대공황이 시작되면서 남부 유럽의 경우 대공황에 대한 총자본의 대처방식은 사실상 복지국가의 점진적 말살책이다. 물론 당장은 말살을 할 수 없다. 그래서 택하는 것이 예를 들어, 프랑스에서 사르코지가 대표적으로 취한 개악적인 조치로, 퇴직 연령을 조금씩 올리면서 연금을 축소하는 식이다. 프랑스는 그나마 덜하지만 이탈리아와 그리스는 아주 극단적인 경우이다. 그리스는 연금이 20~25퍼센트가 축소되었다. 그리스 연금생활자들은 한 달에 평균 400~500유로를 받는다. 유럽에 가봤으면 알겠지만 아테네의 물가 수준은 프랑크푸르트의 80퍼센트 정도이다. 500유로 가지고는 살 수가 없다. 이것은 서울에서 50만 원 가지고 한 달을 사는 것과 마찬가지이다. 결국에는 자선단체의 식량배급소에 의존해서 살 수밖에 없다. 이런 식으로 복지국가의 점진적인 말살책이 채택되기도 하고, 핵심부 국가들, 이를테면 독일, 프랑스 같은 경우 대응책 중의 하나는 역시 하급노동계층 빈곤화의 가속화이다. 고용법을 계속 개악시키고 비정규직 수를 계속 늘린다. 독일의 경우 인턴에 대한 악질적인 착취가 요즘 하나의 큰 사회 문제가 되고 있다. 독일에는 월급 받지 않는 인턴들이 아주 많은데, 대부분이 월급을 받지 못하는 일이라도 하게 해주어 고맙다고 한다. 그런 이력도 없이 몇 년 백수로 지내다 보면 어디서든 취직을 하지 못하니까. 그러니까 거의 노예노동, 보수 받지 못하는 노동이 점차 대량화되어 가고 있는 것이다. 유럽에서는 이처럼 노동시장이 전반적으로 붕괴되어 가고 있다.

고학력 노동력 노동시장도 마찬가지로 거의 붕괴되었다고 봐야 한다. 대학들이 신규채용을 거의 하지 않는 바람에 박사학위 소지자들이 학위 취득 이후에 비정규직으로 일하는 기간이 평균 4~5년 정도이다. 한국과 다른 점이라면 시간강사보다는 박사 이후 과정, 연구원, 임시직, 계약직 형태로 고용되지만, 상황은 비슷하다고 봐야 한다. 물론 보수는 더 많지만. 박사학위 소지자만 해도 노동시장이 거의 전반적으로 파괴됐다고 봐야 하는 것이다.

미래를 빼앗긴 것은 이제 더 이상 노동자만이 아니다. 전반적으로 모든 피고용자들이 미래를 조금씩 빼앗기고 있다고 봐야 한다. 이런 공황이 시작되고 나자 2~3년 뒤에 젊은이들의 반란이 일어나기 시작한 것이다. 젊은이들의 반란이 많이 일어났던 해는 역시 2011년이다. 유럽 소식을 들었으면 알겠지만, 영국은 특히 교육예산이 엄청 많이 줄어들었다. 교육예산 중에서 고등교육 관련 예산이 20퍼센트 정도 줄어들었다. 학비는 세 배나 뛰었다. 1인당 국민소득에 비례해서 아직까지 한국만큼 높은 건 아니지만 영국에서는 이런 문제 때문에 격렬한 반대시위가 벌어졌다. 시위자들은 대부분 분노에 가득 찬 젊은이들이었다. 시위에 잘못 걸린 '영국 왕세자 찰스 사건'이란 게 발생했다. 시위대가 찰스의 왕세자 자동차와 부딪치자 찰스에게 아주 거친 욕을 하면서 기어코 그를 때리고 보낸 사건이었다. 그 정도로 분노에 가득 찬 세대가 지금 자라나고 있다는 것이다.

한 세대가 미래를 빼앗기면 결국엔 그 분노가 표출될 수밖에 없다. 영국의 보수신문들은 왕세자를 모독했네 어쩌네 난리쳤지만, '분노의 포도'가 뭔지를 잘 보여주는 상징적 사건이었다. 프랑스에서는 고등학생과 대학생의 연대 투쟁이 벌어졌고, 이탈리아와 스페인 역시 대대적으로 분노한 젊은이들의 투쟁이 일어났다. 그리스 같은 경우도 역시 젊은 층 위주로 대형 시위들이 계속 일어나고 있다. 여태까지는 거의 보기 드문 젊은이들의 대대적인 반란인 것이다. 그래서 '젊은 층이 드디어 깨어났다'는 평가를 받기 시작한 것이다. 한국의 경우 90년대 중반까지만 해도 대학생들의 격렬한 시위를 볼 수가 있었기 때문에 뭐가 새로운가 싶지만, 유럽의 경우는 젊은이들의 정치의식이 가장 높은 프랑스가 약간 예외이긴 하지만 어쨌든 지속적인 몇 주 동안의 격렬 시위, 그리고 젊은이들의 반체제적 성향의 표출을 70년대 이후엔 볼 수가 없었다.

그래서 작년에 많은 비평가들이 '68년의 귀환'이라고 떠들었다. 젊은이들의 상당 부분은 결국 신좌파적 성향을 띠게 되었는데, 시위에 참가하는 학생들 대부분이 "미래를 빼앗겼다. 우리는 모든 걸 빼앗긴 99퍼센트이다. 정치체제 자체를 불신한다. 모든 정당을 불신한다. 이 체제는 우리한테 이질적이다. 체제는 우리의 적이다"라고 했다는 것이다. 체제 불신, 정치권 불신, 미래 박탈에 대한 불안과 분노와 같은 정서들을 체감할 수 있는데, 그런데 이상한 것은 이 젊은이들이 계급을 이야기하지는 않는다는 것이다. 사회주의 이야기가 나오지 않는다. 그러니까 좌파적인 언사를 쓰지 않는다는 것이다.

옛날에는 노동계급, 피착취계급, 피억압계급과 같은 말을 썼는데 지금은 그런 말 대신 쓰는 표현이 '99퍼센트'이다. 왜 그럴까? 이것은 자문해볼 필요가 있다. 운동 시작 단계이기 때문에 그런 부분도 있을 수 있다. 68운동도 초기에는 젊은이들한테 가장 강력하게 나타난 것이 권위주의에 대한 강한 반발이었다. 68 이전의 유럽은 거의 지금의 한국처럼 극도로 권위주의적이었다. 그런 권위주의에 대한 반발이라든가, 정치적으로는 베트남 학살을 가능케 한 정치인에 대한 혐오, 반인권주의적 의식에 대한 반발이 가장 강했다. 나중에 신좌파 쪽으로 많이 갔지만 지금의 이 현상도 어떻게 보면 초기적 현상이라 할 수도 있다.

발자국을 포개다

그러나 초기적 현상이라고만 하기엔 뭔가 부족한 다른 의미가 있다. 결국, 구좌파에 대해 신물이 난 것이다. 구좌파에 대한 불신이고, 사민당, 사회당, 공산당이 여태까지 너무나 젊은 층을 외면해온 것에 대한 분노의 표현이기도 하다. 결국은 사민당, 사회당, 공산당이 좌파적인 언사를 쓰면서도 사실은 배제당한 주변적 노동자들을 위해서 한 게 하나도 없다는 것이다.

그렇다면 급진좌파는 무엇을 해야 하는가? 이런 젊은이들한테 다가가서 99퍼센트는 총노동이라는 부분을 설명하고, 지금 우리가 직면하고 있는 것이 전형적인 계급모순이라는 것을 설명해야 한다. 계급모순의 급진적인 해결 방안에 대해서 이야기하는 것이 좌파의 정석이다. 그렇다면 배제당한 노동, 이 사회에서 주변화 당한 모든 사람을 중심으로 대형노조 의존을 벗어나서 급진적 투쟁을 전개해야 할 신좌파가 과연 젊은이들한테 설득력을 가질 수 있을까?

일부 구좌파 중에서 그런 새로운 좌파 역할을 하면서 배제당한 젊은이, 여성, 이민자들에게 호소하기 시작한 것 같기는 하다. 작년에 스페인 시위를 주도한 일부의 젊은이들이 통일좌익당 쪽에 입후보되어서 통일좌익당이 선거에서 선전하게 했다. 스페인의 통일좌익당은 구 공산당이 가담한 급진적 좌파의 모임(선거연합)으로 작년 총선에서 득표율을 두 배 올렸다. 그런 의미에서는 급진좌파가 좀 잘했다는 평가를 받고 있다. 급진좌파가 잘할 수 있었던 이유는, 그만큼 공산당을 위시한 구좌파가 여태까지 배제당한 노동에 대해서 외면했다는 것을 반성하고 이제는 '반란을 일으킨 젊은이'들과 연대를 모색하는 데에 대한 보상이라고 보면 된다. 이처럼 배제당한, 모든 주변화당한 자들의 연대를 모색하는 새로운 좌파가 그런 움직임들을 시작했지만, 아직까지는 시작 단계이다.

그런 움직임이 가장 활발한 곳이 유럽 중에서도 가장 어렵게 사는 나라들이다. 예컨대, 내가 사는 노르웨이에는 아직 위기가 닥치지 않아 급진좌파의 경우 1~2퍼센트밖에 득표하지 못한다. 지난 6월의 그리스 총선을 보면 급진좌파의 블로그라고 할 수 있는 시리자의 득표율이 27퍼센트에 가까웠다. 그렇게 남유럽과 북유럽의 사정은 다르다. 시리자 같은 경우는 득표율이 갑자기 엄청나게 높아진 것이다. 지난 2009년 총선의 경우 4.6퍼센트밖에 득표하지 못했던 것과 비교하면 말이다. 3년 만에 4퍼센트에서 27퍼센트까지 이렇게 급성장한 급진좌파 정당는 없었다. 이유가 무엇이었을까? 역시 배제당한 노동자, 젊은이, 여성들한테 강력하게, 또 효과적으로 호소했기 때문이다. 젊은이들한테 어떻게 호소했는가를 보면, 2008년에 시작한 젊은이들의 투쟁을 전폭적으로 지지하고 결합한 것부터 시작되었다. 당시 투쟁의 시작은 열다섯 살의 알렉산더 그리고로 폴로스Alexander Grigoropoulos가 경찰의 발포로 살해당하면서였다. 군사 독재의 유산이기도 하지만 그리스 경찰은 엄청나게 포악하기도 할뿐더러 폭력이 만연해 있다. 경찰 폭력의 희생자가 생기면서 아나키스트까지 포함한 수많은 젊은이들이 대대적인 격렬한 시위에 들어갔다. 아나키스트들이 가담한 시위다 보니 그리스 공산당 같은 경우 별로 참여를 하지 않았는데, 시리자가 매우 적극적으로 참여함으로써 젊은이들을 잘 끌어들일 수 있었던 것이다. 당시 사민당 정권은 대학 공교육 사유화 시도를 했는데 거기에 학생들이 점거농성으로 대응했고, 여기에 대해 공산당이 별로 좋지 않은 시선으로 대응한 반면 시리자는 전폭적으로 지지했다. 젊은이들의 경찰 폭력 대응투쟁, 공교육 사수투쟁, 이런 투쟁에 시리자는 적극 참여하면서 인정을 받은 것이다.

그리스를 보면 급진좌파가 충분히 배제당한 노동자, 주변적 노동자들을 결속시킬 수 있다는 확신을 얻을 수 있다. 시리자의 재미있는 특징 하나가 무엇이냐 하면, 그 안에서의 좌파적 톨레랑스 분위기이다. 시리자는 실제로 단일 정당이 아니라 선거연합이다. 13개의 정당이 들어가 있다. 온건주의 좌파도 있는가 하면 트로츠키주의자, 마오주의자, 혁명적 공산주의자들도 있다. 지향성이 많이 다르지만 이들에게는 최소의 공통분모가 있다. 신자유주의 결사반대, 유럽연합이 요구한 개혁안과 사회개혁안 결사반대, 공교육, 무상의료 사수와 같은 최소한의 공통분모를 잘 찾아내서 좌파들끼리의 분열을 어느 정도 막고 비공산계

열의 좌파가 어느 정도 손잡아 같이 투쟁할 수 있는 장을 마련한 것이다.

좌파는 이념형이 많기 때문에 분열이 잘된다. 이념은 똑같을 수가 없으니까. 이념은 사람의 성장 배경이라든가 여러 요인에 따라 달라지는데 이념을 달리해도 좋다, 최소한의 공통분모가 있다면 그런 이념적 차이를 뛰어넘어 같이 싸울 줄 알아야 배제당한 노동자들한테 호소력을 가질 수 있다. 시리자한테 배울 수 있는 점이라면 공통적인 핵심어인 계급이다. 그리스 공산당을 비판할 때 비판의 요점 중 하나가 너무 민족주의적이라는 부분이었다. 어쨌든 계급적 좌파가 여러 가지 이념적 차이를 뛰어넘어 서로 톨레랑스 하면서 선거연합을 해서 젊은이들을 비롯한 주변화 당한 사람들한테 강력하게 호소한다는 부분은 우리가 배워야 할 것이다.

배제당한 노동자를 새로운 좌파가 어떻게 규합할 수 있을 것인가에 대한 다른 나라의 이야기를 했다. 이 이야기는 우리 쪽에도 해당된다. 우리는 배제당한 노동자들이 유럽보다 훨씬 많으니까. 한국의 비정규직 비율은 유럽이든 어디든 다른 산업사회에 없는 56퍼센트이므로 더더욱 해당된다.

유럽과 다른 점은 한국은 자영업자 인구가 너무 많다는 것이다. 그런데 자영업자가 누구인가? 지금은 전체 근로

발자국을 포개다

인구의 30퍼센트 정도인데 그중 대다수는 월 소득 2백만 원 이하이다. 웬만한 조직 노동자보다 덜 번다. 동네 빵집이나 떡볶이 아주머니, 슈퍼 아저씨한테 월 소득을 물어보라. 개인택시 운전하는 분 월급이 100~150만 원이다. 게다가 늘 도산위험이 도사리고 있다. 요즘은 홈플러스와 같은 대형 자본이 떡볶이까지 판매하면서 자영업자들이 조직 노동자 이하의 수입을 받고 있는 것이다. 그 누구도 착취할 능력도 없이 자기 자신을 착취하면서 언제 도산 당할지 모르는 공포 속에서 살아야 하는 이들이 그들이다.

한국에서 좌파의 역사적 사명 중 하나는 자영업자들을 조직해서 대형자본에 맞서게끔 하는 것이다. 점포나 슈퍼 주인들이 대자본이 들어오는 경우 반대 투쟁을 하는데 지금까지 좌파는 그런 부분에 전혀 간여하지 못했다. 떡볶이 아주머니가 진보정당에 가입하고 활동하는 사례가 거의 없다. 일본 공산당 같은 경우, 그 부분을 비교적 잘했다. 일본 공산당 당원의 상당수가 슈퍼 주인과 같은 아주 작은 규모의 자영업자들이다. 공산당은 60년대 이후로 자영업자들의 상권사수 투쟁, 대형 자본 입점 반대투쟁을 주도해 왔다. 그래서 노점상, 슈퍼 주인들에게 공산당의 인기가 상당히 많은 것이다. 교토 같은 도시의 경우, 대학교수도 많지만 아주 대표적인 공산당 지지자들이 슈퍼 아저씨들이다. 공산당이 지역의 영세상권 보호에 앞장서는 것이다. 마르크스–레닌주의는 잘 몰라도 큰 자본으로부터 우리와 같이 연대해서 싸운 좋은 사람들이라는 인식을 가지게 된 것이다.

한국의 진보운동 같은 경우, 지난 민노당 때 노회찬 의원이 시작해서 세입자보호 법률채택 투쟁을 했지만 거의 흐지부지되었다. 요즘도 영세업자, 세입자들이 건물주한테 줘야 하는 돈이 소득의 50퍼센트가 넘는다. 옛날 식민지 시대 소작인들의 소작료가 보통 55퍼센트, 60퍼센트였는데 거의 똑같다. 이런 분들을 위해서 뭘 해야 되는지, 이런 분들한테 설득력 있는 구체적인 정책을 어떻게 제시할 것인지, 영세상권 보호, 대형 소매 자본 반대를 어떻게 할 것인지 구체적인 포부를 밝혀야 한다. 노동자마저도 못 되는 사람들에게 어떻게 다가서서 지지를 받아야 할 것인가를 고민해야 한다. 한국적인 맥락에서 봐서 이것은 큰 문제이다.

유럽 같은 경우, 아주 흥미로운 과정이 진행 중이다. 대형노조를 기반으로 했던, 그리고 사실상 신자유주의적인 질서에 포섭된 구좌파 세력들, 특히 온건세력인 사회당, 사민당 등이 배제당한 대다수의 노동자한테 버림받았다. 좌파로서의 의미를 잃어버렸다. 프랑스 사회당이 좌파인가? 영국 노동당이 좌파인가? 체제 세력일 뿐이다. 그런 과정에서 일부의 급진좌파가 배제당한 여성, 저숙련, 비정규직, 이민 노동자 등과 연대하려는 움직임을 보이고 있다. 특히 이번 공황에 자본의 공격을 많이 당한 남부 유럽 국가에서는 급진좌파가 배제당한 노동자들과 손을 잡아서 사회적 투쟁의 최전선에 나서고 있는 현황을 인식해야 한다.

스페인의 통일좌익당이나 그리스의 시리자, 무엇보다 무토지 농민이라든가 도시 비공식부문 근로자들을 조직한 경험이 있는 남미 좌파들에게 배워야 한다. 한국적인 맥락에서 그것의 의미는, 우리가 무엇보다 비정규직의 정당, 알바생마저도 쓸 여력이 없는 가장 영세한 자영업자들의 정당이 되어야 한다는 것이다. 그들에게 좌파 세력이 하나의 버팀목이 되어야 한다. 현대자동차 정규직보다 언제 도산당할지 모르는 구멍가게 아저씨가 사회적 지위가 낮은 사회. 좌파는 이런 분들과 연대해야 한다. 아직까지 우리는 그런 노력을 너무 하지 않은 것 아닌가 반성해야 하며, 배제당한 다수를 중심으로, 신자유주의 시대의 신흥 무산계급, 말 그대로 잃을 게 없는 신흥 무산계급을 중심으로, 새로운 사회변혁 세력을 구축해야 할 것이다. 여러분의 건투를 빈다.

발 딛고 있는 그곳에 자리한,
모든 이들에게

　이 책에 실릴 원고 읽기를 다 끝낼 무렵, 문득 떠오
르는 것은 늘 곁에서 함께 일하는 직장 동료 수영 씨였
습니다. 사업에 실패한 남편, 모계 유전으로 점점 근육
이 마비되어가는 희귀병을 앓는 아이를 둔 그는 이른바
투잡을 해야 했고, 그의 하루를 마감하는 두 번째 직장
은 식당 알바였습니다. 위생에 집착하는 부지런함에 스
스로 고단해하는 그는 주방세제와 락스를 일대일로 섞
어 화장실 청소를 하다 보면 밀폐된 공간에서 몽롱하게
취한다든지, 미끌거리는 테이블을 잘 닦기 위해 손님들
이 남긴 소주를 물에 희석해서 뿌린다든지, 그 모든 것
들이 주부습진에 걸릴 수밖에 해서 특히 겨울에는 갈라
진 손끝에 맺히는 고통으로 몸살을 앓는다는 이야기를
들려주곤 했지요. 참신한 기획이 돋보였던 어느 주간지
의 '노동 OTL' 시리즈에 실린 기사에 대해 이야기할라치
면 그보다 훨씬 적나라한 이야기들을 쏟아내곤 했지요.

그를 한숨 쉬게 하는 것은 주로 같이 일하는 사람들과의 실랭이였습니다. 예를 들어 잠깐씩 짬이 나면 물병이나 빈 초장을 채워놓거나 수저 담아놓는 따위를 해야 하는데, 위계화되어 있는 역할분담이 서로를 탓하게 하고 끼리끼리 수군거리게 한다는 거지요. 거기다 사장이나 손님에게서 하대를 받을 때면 모멸감에 눈물을 보이곤 했다는. 그런 그는 무기력하게 지내던 남편이 작은 트럭 지입을 시작한 지 얼마 후부터 식당일을 그만두었지만, 지금도 늘 급하게 돈 쓸 일들에 허둥거리곤 합니다. 이제 해가 바뀌면 마흔이 되는 수영 씨에게 제가 가끔 주장하는 올바름은 과연 무엇이었을까요? 그것은 그저 초점을 맞추지 못한 채 허공에 맴도는 남의 이야기였을 뿐인지 모른다는 생각이 드니 뒤늦은 자괴감이 밀려오네요.

5월이던가요? 총선이 끝난 후 많은 말들이 있고도 없었던 즈음, 대한문 분향소 앞에서 열린 '거리 위의 왁자지껄'에서였습니다. "저는 쌍용차 해고자입니다. 저는 세 아이의 아빠이기도 합니다"라며 말을 시작한 고동민 씨가 "더 이상 아빠와 가족을 잃는 아이들이 없도록 하기 위해 도망가고 싶고, 죽도록 싫지만 다시 대한문으로 왔습니다"라고 고백할 때 저는 그저 하늘을 잠깐 올려다보는 수밖에 없었습니다. 그날 따라 앞에 나와 이야기하던 분들이 왜 그리 많이 울먹이던지요. 단지 자신들의 복직이 아닌 특수고용노동자의 노동자성과 노동조합을 인정하라는 요구를 걸고 고집스럽게 거리에서 버티는 재능교육의 여민희 씨가 해고되기 전 아이들과 만나던 기억을 울먹이며 이야기할 땐 마음이 황망할 따름이었습니다.

우리 사회에서 가장 아픈 곳에서 비명조차 지르지 못하는 사람들의 가장 앞에 서서 싸우는 당신들이 2012년 초겨울 다시 거리에 섰습니다. 늘 함께 만나고 밥 먹고 싸우던 거리이지만 이번의 만남은 좀 다르네요. '투쟁하는 노동자 대통령.' 많이들 말해온 것 같은데, 처음 들어보는 것 같은 이 낯설음의 정체는 무엇일까요? 누군가에 의해 대변되는 것을 거절하고 이제 정치의 주체가 되겠다고 나선 거리는 어쩌면 훨씬 생경하게 다가올지도 모릅니다.

다른 정치가 필요하다는 것을 부정하는 사람은 없을 겁니다. 총선이 끝나고 한 달도 안 지나 호기롭게 출발했던 '진보대통합' 실험이 민망한 잡음을 내며 파열되면서 노동정치니 노동중심성이니 하는 말들이 많아지더니, 12월 대선으로 다가가면서는 '진보적 정권교체'니 '야권연대'니 하는 말들로 순식간에 대체되는 모습은 참으로 경이로울 지경이었습니다. 노동정치를 강조하던 사람들이 정작 어렵게 싸움을 이어오던 노동자들이 독자적으로 주체가 되어 나서려는 움직임에는 노동자계급의 단결을 이야기하며 부정적인 태도를 보이는 데서는 숨이 막혀오는 느낌이었고요. 정말 '노동자는 하나'라고 믿기 때문이었을까요? 노동정치가 다시 어디에서부터 출발해야 하고, 어디를 향해야 하는지 말하지 않는 계급적 단결은 힘의 우위에 있는 자들의 폭력일 따름이라고 말하면 지나친 언사가 될까요? 민주노총이 노동하는 모든 이들의 조직이 되기를 꿈꾸지 않고, 자신들이 외면해온 노동 안의 무수한 배제의 경계들에서 눈을 돌린 채 조직의 생존논리에 연연한다면, 사회적 약자의 눈높이에 맞추어 세상을 바꾸겠다던 진보정당이 어느 때부턴가 '국민의 눈높이'로 시선을 업그레이드시키겠다고 할 때 그 국민 가운데 거리로 내쫓긴 노동이, '쓰고 버려지는' 노동이 포함되지 않는다면, 이 현재를 허무는 것이 다른 정치의 시작이겠지요.

이 책은 '우리, 외로워하지 말자'라는 제목의 이선옥 작가의 여는 글로 시작됩니다. 두 겹의, 세 겹의 외로움을 견뎌왔지만, 더 이상 외로움 속에 빼앗긴 노동의 고통들을 방치하지 않기 위해서도 이 겨울 이 악물고 신발 끈을 조여 매자고 말하고 싶습니다. 모든 것이 불타고 무너진 폐허 위에서야 새것이 시작되는 이치야말로 진정한 경이로움입니다. 고동민 씨 같이 해고된 노동자들이 자기 사업장의 문제를 넘어 정리해고를 정당화하는 자본의 체제와 싸우고, 여민희 씨 같은 분들이 자신의 복직만을 요구하지 않고 특수고용 노동자의 권리를 주장하는 것, 나의 동료 수영 씨가 투잡의 고단함을 혼자 참아내지 않고 함께 말할 수 있도록 하는 것, 현장에서의 투쟁과 요구를 보편적 의제와 정치적 요구로 만들어내고 그것을 통해 사회를 변화시켜가는 것, 그것이 다른 정치일 것입니다.

급하게 기획되었지만, 이 책은 오래전부터 싸워온 이들 속에 새로운 시작이 준비되어 있었듯이, 그 시작의 작은 기록이자 징표로 기억될 것이라 믿어 봅니다. 투쟁과 연대와 정치가 하나 되어 만나는 출발은 이미 기륭에서, 재능에서, 동희오토에서, 대한문에서, 그리고 현장의 수많은 싸움터에서 시작되고 있음을 확인할 수 있어 책을 만드는 내내 너무 행복했습니다. 마음이 앞서 가 청탁의 예도 갖추지 못했음에도 흔쾌히 시간을 내어 요청에 응해주신 모든 분들에게 깊은 감사와 연대의 인사를 드립니다.

_김선아

* 이 글을 쓴 김선아는 진보신당 연대회의 부대표, '전국불안정노동철폐연대' 집행위원이다.

발자국을 포개다
배제된 자들의 민주주의를 향하여

김소연, 이선옥, 박노자, 홍세화 외 지음

2012년 12월 6일 초판1쇄 발행

펴낸이 강경미
펴낸곳 꾸리에북스
출판등록 2008년 8월 1일 제313-2008-000125호
주소 121-840 서울 마포구 서교동 396-60 동궁 401호
전화 02-336-5032 팩스 02-336-5034
전자우편 courrierbook@naver.com

ISBN 9788994682112 03300
값 12,000원